The Critic as Artist / The Decay of Lying
El crítico como artista / La decadencia de la mentira

Oscar Wilde

The Critic as Artist
The Decay of Lying

El crítico como artista
La decadencia de la mentira

Texto paralelo bilingüe
Bilingual edition

Ingles - Español
English - Spanish

texto en español, traducido del inglés por Guillermo Tirelli

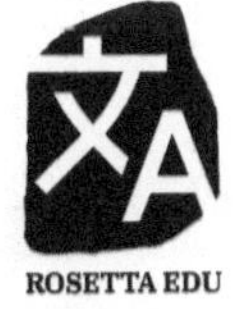

ROSETTA EDU

Título original: *The Critic as Artist / The Decay of Lying*

Primera publicación: 1891

Ilustración de tapa: James Abbott McNeill Whistler. Nocturne: Blue and Silver - Chelsea 1871

Primera edición: Diciembre 2023

Publicado por Rosetta Edu
Londres, Diciembre 2023
www.rosettaedu.com

ISBN: 978-1-916939-42-4

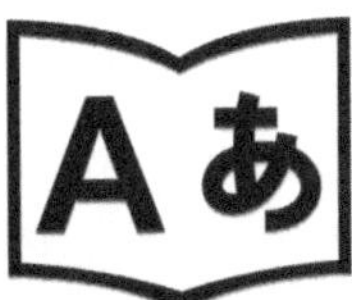

Páginas enfrentadas
Páginas enfrentadas de la traducción y texto original en libros impresos.

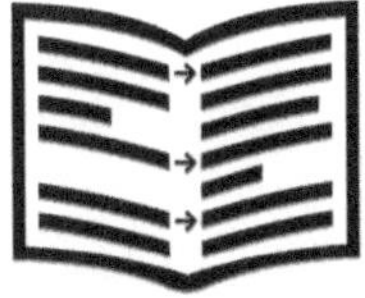

Párrafos alineados en libros impresos
En libros impresos, los párrafos alineados entre los dos idiomas facilitan la comparación y la comprensión, ahorrando la necesidad de referirse constantemente al diccionario.

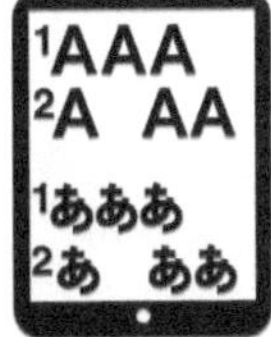

Párrafos enlazados en libros electrónicos
En libros electrónicos la comparación y la comprensión son facilitadas por citas al pie colocadas al principio de cada párrafo enlazando el texto en el idioma original y su traducción.

Integridad y fidelidad
Traducciones íntegras, fieles y no abreviadas del texto original.

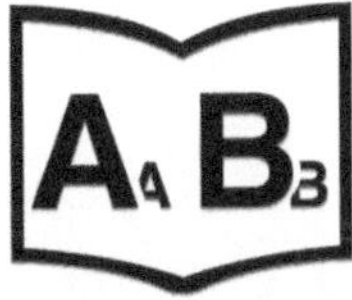

Cuidado del vocabulario
Traducciones especiales para ediciones bilingües, con especial cuidado por la hegemonía de vocabulario utilizando glosarios en el proceso de traducción.

Contexto educativo
Ediciones enfocadas a estudiantes intermedios y avanzados del idioma original del texto en libros coleccionables y aptos para el contexto educativo.

INDICE

THE CRITIC AS ARTIST
WITH SOME REMARKS UPON
THE IMPORTANCE OF DOING NOTHING

A DIALOGUE.
Persons: Gilbert and Ernest.

PART I.

Scene: the library of a house in Piccadilly, overlooking the Green Park.

GILBERT *(at the Piano)*. My dear Ernest, what are you laughing at?

ERNEST *(looking up)*. At a capital story that I have just come across in this volume of *Reminiscences* that I have found on your table.

GILBERT. What is the book? Ah! I see. I have not read it yet. Is it good?

ERNEST. Well, while you have been playing, I have been turning over the pages with some amusement, though, as a rule, I dislike modern memoirs. They are generally written by people who have either entirely lost their memories, or have never done anything worth remembering; which, however, is, no doubt, the true explanation of their popularity, as the English public always feels perfectly at its ease when a mediocrity is talking to it.

GILBERT. Yes: the public is wonderfully tolerant. It forgives everything except genius. But I must confess that I like all memoirs. I like them for their form, just as much as for their matter. In literature mere egotism is delightful. It is what fascinates us in the letters of personalities so different as Cicero and Balzac, Flaubert and Berlioz, Byron and Madame de Sévigné. Whenever we come across it, and, strangely enough, it is rather rare, we cannot but welcome it, and do not easily forget it. Humanity will always love Rousseau for having confessed his sins, not to a priest, but to the world, and the couchant nymphs that Cellini wrought in bronze for the castle of King Francis, the green and gold Perseus, even, that in the open Loggia at Florence

EL CRÍTICO COMO ARTISTA
CON ALGUNAS OBSERVACIONES SOBRE
LA IMPORTANCIA DE NO HACER NADA

UN DIÁLOGO.
Personajes: Gilbert y Ernest.

PARTE I.

Escena: la biblioteca de una casa en Piccadilly, con vistas al Green Park.

GILBERT *(al piano)*. Mi querido Ernest, ¿de qué te ríes?

ERNEST *(levantando la vista)*. De una historia imortante que acabo de encontrar en este volumen de *Reminiscencias* que he encontrado sobre tu mesa.

GILBERT. ¿Cuál es el libro? ¡Ah! Ya veo. Aún no lo he leído. ¿Es bueno?

ERNEST. Bueno, mientras tú has estado tocando, yo he estado pasando las páginas con cierta diversión, aunque, por regla general, me disgustan las memorias modernas. Generalmente están escritas por personas que, o bien han perdido por completo la memoria, o bien nunca han hecho nada que merezca la pena recordar; lo cual, sin embargo, es, sin duda, la verdadera explicación de su popularidad, ya que el público inglés siempre se siente perfectamente a gusto cuando le habla un mediocre.

GILBERT. Sí, el público es maravillosamente tolerante. Lo perdona todo excepto el genio. Pero debo confesar que me gustan todas las memorias. Me gustan por su forma, tanto como por su materia. En literatura el mero egoísmo es delicioso. Es lo que nos fascina en las cartas de personalidades tan distintas como Cicerón y Balzac, Flaubert y Berlioz, Byron y Madame de Sévigné. Siempre que nos topamos con él y, por extraño que parezca, es más bien raro, no podemos sino darle la bienvenida y no lo olvidamos fácilmente. La humanidad siempre amará a Rousseau por haber confesado sus pecados, no a un sacerdote, sino al mundo, y las ninfas *couchant* que Cellini forjó en bronce para el castillo del Rey Francisco, el Perseo verde y dorado, incluso, que en la *Log-*

shows the moon the dead terror that once turned life to stone, have not given it more pleasure than has that autobiography in which the supreme scoundrel of the Renaissance relates the story of his splendour and his shame. The opinions, the character, the achievements of the man, matter very little. He may be a sceptic like the gentle Sieur de Montaigne, or a saint like the bitter son of Monica, but when he tells us his own secrets he can always charm our ears to listening and our lips to silence. The mode of thought that Cardinal Newman represented—if that can be called a mode of thought which seeks to solve intellectual problems by a denial of the supremacy of the intellect—may not, cannot, I think, survive. But the world will never weary of watching that troubled soul in its progress from darkness to darkness. The lonely church at Littlemore, where 'the breath of the morning is damp, and worshippers are few,' will always be dear to it, and whenever men see the yellow snapdragon blossoming on the wall of Trinity they will think of that gracious undergraduate who saw in the flower's sure recurrence a prophecy that he would abide for ever with the Benign Mother of his days—a prophecy that Faith, in her wisdom or her folly, suffered not to be fulfilled. Yes; autobiography is irresistible. Poor, silly, conceited Mr. Secretary Pepys has chattered his way into the circle of the Immortals, and, conscious that indiscretion is the better part of valour, bustles about among them in that 'shaggy purple gown with gold buttons and looped lace' which he is so fond of describing to us, perfectly at his ease, and prattling, to his own and our infinite pleasure, of the Indian blue petticoat that he bought for his wife, of the 'good hog's hars-let,' and the 'pleasant French fricassee of veal' that he loved to eat, of his game of bowls with Will Joyce, and his 'gadding after beauties,' and his reciting of *Hamlet* on a Sunday, and his playing of the viol on week days, and other wicked or trivial things. Even in actual life egotism is not without its attractions. When people talk to us about others they are usually dull. When they talk to us about themselves they are nearly always interesting, and if one could shut them up, when they become wearisome, as easily as one can shut up a book of which one has grown wearied, they would be perfect absolutely.

ERNEST. There is much virtue in that If, as Touchstone would say. But do you seriously propose that every man should become his own

gia abierta de Florencia muestra a la luna el terror muerto que una vez convirtió la vida en piedra, no le han proporcionado más placer que esa autobiografía en la que el canalla supremo del Renacimiento relata la historia de su esplendor y su vergüenza. Las opiniones, el carácter, los logros del hombre, importan muy poco. Puede ser un escéptico como el gentil Sieur de Montaigne, o un santo como el amargado hijo de Mónica, pero cuando nos cuenta sus propios secretos siempre puede encantar nuestros oídos para que escuchen y nuestros labios para que callen. El modo de pensamiento que representaba el Cardenal Newman —si es que puede llamarse así a un modo de pensamiento que trata de resolver los problemas intelectuales mediante la negación de la supremacía del intelecto— puede que no sobreviva, no puede, creo yo. Pero el mundo nunca se cansará de observar a esa alma atribulada en su progreso de oscuridad en oscuridad. La solitaria iglesia de Littlemore, donde «el aliento de la mañana es húmedo y los fieles son pocos», siempre le será querida, y siempre que los hombres vean florecer el boca de dragón amarillo en el muro de Trinity pensarán en aquel agraciado universitario que vio en la segura recurrencia de la flor una profecía de que permanecería para siempre con la Madre Benigna de sus días... una profecía que la Fe, en su sabiduría o en su locura, permitió que no se cumpliera. Sí; la autobiografía es irresistible. El pobre, tonto y engreído Sr. Secretario Pepys se ha abierto camino parloteando en el círculo de los inmortales y, consciente de que la indiscreción es la mejor parte del valor, se pasea entre ellos con ese «desgreñado vestido púrpura con botones dorados y encaje de bucles» que tanto le gusta describirnos, perfectamente a sus anchas y parloteando, para su propio e infinito placer y el nuestro, de la enagua azul índigo que compró para su esposa, del «buen pedazo de cerdo» y del «agradable fricasé francés de ternera» que le encantaba comer, de su partida de petanca con Will Joyce y de su «jugueteo tras las bellezas» y de su recitación de *Hamlet* los domingos y de su interpretación del violín los días laborables y de otras cosas perversas o triviales. Incluso en la vida real el egoísmo no carece de atractivos. Cuando la gente nos habla de los demás suelen ser aburridos. Cuando nos hablan de sí mismos son casi siempre interesantes y, si uno pudiera callarlos, cuando se vuelven cansinos, con la misma facilidad con la que se puede callar un libro del que uno se ha cansado, serían perfectos absolutamente.

ERNEST. Hay mucha virtud en ello, como diría Touchstone. Pero, ¿propones seriamente que cada hombre se convierta en su propio Boswell?

Boswell? What would become of our industrious compilers of Lives and Recollections in that case?

GILBERT. What has become of them? They are the pest of the age, nothing more and nothing less. Every great man nowadays has his disciples, and it is always Judas who writes the biography.

ERNEST. My dear fellow!

GILBERT. I am afraid it is true. Formerly we used to canonise our heroes. The modern method is to vulgarise them. Cheap editions of great books may be delightful, but cheap editions of great men are absolutely detestable.

ERNEST. May I ask, Gilbert, to whom you allude?

GILBERT. Oh! to all our second-rate *littérateurs*. We are overrun by a set of people who, when poet or painter passes away, arrive at the house along with the undertaker, and forget that their one duty is to behave as mutes. But we won't talk about them. They are the mere body-snatchers of literature. The dust is given to one, and the ashes to another, and the soul is out of their reach. And now, let me play Chopin to you, or Dvorak? Shall I play you a fantasy by Dvorak? He writes passionate, curiously-coloured things.

ERNEST. No; I don't want music just at present. It is far too indefinite. Besides, I took the Baroness Bernstein down to dinner last night, and, though absolutely charming in every other respect, she insisted on discussing music as if it were actually written in the German language. Now, whatever music sounds like I am glad to say that it does not sound in the smallest degree like German. There are forms of patriotism that are really quite degrading. No; Gilbert, don't play any more. Turn round and talk to me. Talk to me till the white-horned day comes into the room. There is something in your voice that is wonderful.

GILBERT *(rising from the piano)*. I am not in a mood for talking tonight. I really am not. How horrid of you to smile! Where are the cigarettes? Thanks. How exquisite these single daffodils are! They seem to be made of amber and cool ivory. They are like Greek things of the

¿Qué sería de nuestros industriosos compiladores de Vidas y Recuerdos en ese caso?

GILBERT. ¿Qué ha sido de ellos? Son la peste de la época, ni más ni menos. Hoy en día, todo gran hombre tiene sus discípulos y siempre es Judas quien escribe la biografía.

ERNEST. ¡Mi querido amigo!

GILBERT. Me temo que es cierto. Antes canonizábamos a nuestros héroes. El método moderno es vulgarizarlos. Las ediciones baratas de grandes libros pueden ser deliciosas, pero las ediciones baratas de grandes hombres son absolutamente detestables.

ERNEST. ¿Puedo preguntar, Gilbert, a quién aludes?

GILBERT. ¡Oh, a todos nuestros *littérateurs* de segunda! Estamos invadidos por un conjunto de personas que, cuando fallece un poeta o un pintor, llegan a la casa junto con el enterrador y olvidan que su único deber es enmudecer. Pero no hablaremos de ellos. Son los meros ladrones de cadáveres de la literatura. El polvo se lo dan a uno y las cenizas a otro y el alma está fuera de su alcance. Y ahora, déjame que toque Chopin, ¿o Dvorak? ¿Toco una fantasía de Dvorak para ti? Compone cosas apasionantes, de colores curiosos.

ERNEST. No; no quiero música por el momento. Es demasiado indefinida. Además, anoche salí a cenar con la Baronesa Bernstein y, aunque absolutamente encantadora en todos los demás aspectos, insistió en hablar de música como si realmente estuviera escrita en lengua alemana. Ahora bien, suene como suene la música, me complace decir que no suena en lo más mínimo como el alemán. Hay formas de patriotismo que son realmente degradantes. No; Gilbert, no toques más. Date la vuelta y háblame. Háblame hasta que el día de los cuernos blancos entre en la habitación. Hay algo en tu voz que es maravilloso.

GILBERT (*levantándose del piano*). No estoy de humor para hablar esta noche. Realmente no lo estoy. ¡Qué horror que sonrías! ¿Dónde están los cigarrillos? Gracias. ¡Qué exquisitos son estos narcisos! Parecen hechos de ámbar y marfil frío. Son como cosas griegas de la mejor época.

best period. What was the story in the confessions of the remorseful Academician that made you laugh? Tell it to me. After playing Chopin, I feel as if I had been weeping over sins that I had never committed, and mourning over tragedies that were not my own. Music always seems to me to produce that effect. It creates for one a past of which one has been ignorant, and fills one with a sense of sorrows that have been hidden from one's tears. I can fancy a man who had led a perfectly commonplace life, hearing by chance some curious piece of music, and suddenly discovering that his soul, without his being conscious of it, had passed through terrible experiences, and known fearful joys, or wild romantic loves, or great renunciations. And so tell me this story, Ernest. I want to be amused.

ERNEST. Oh! I don't know that it is of any importance. But I thought it a really admirable illustration of the true value of ordinary art-criticism. It seems that a lady once gravely asked the remorseful Academician, as you call him, if his celebrated picture of 'A Spring-Day at Whiteley's,' or, 'Waiting for the Last Omnibus,' or some subject of that kind, was all painted by hand?

GILBERT. And was it?

ERNEST. You are quite incorrigible. But, seriously speaking, what is the use of art-criticism? Why cannot the artist be left alone, to create a new world if he wishes it, or, if not, to shadow forth the world which we already know, and of which, I fancy, we would each one of us be wearied if Art, with her fine spirit of choice and delicate instinct of selection, did not, as it were, purify it for us, and give to it a momentary perfection. It seems to me that the imagination spreads, or should spread, a solitude around it, and works best in silence and in isolation. Why should the artist be troubled by the shrill clamour of criticism? Why should those who cannot create take upon themselves to estimate the value of creative work? What can they know about it? If a man's work is easy to understand, an explanation is unnecessary...

GILBERT. And if his work is incomprehensible, an explanation is wicked.

ERNEST. I did not say that.

¿Cuál fue la historia de las confesiones del académico arrepentido que te hizo reír? Cuéntamela. Después de tocar a Chopin, me siento como si hubiera estado llorando por pecados que nunca he cometido y lamentándome por tragedias que no eran mías. La música siempre me parece que produce ese efecto. Crea para uno un pasado del que ha sido ignorante y le llena de un sentimiento de penas que han estado ocultas a sus lágrimas. Puedo imaginarme a un hombre que hubiera llevado una vida perfectamente corriente, oyendo por casualidad alguna pieza musical curiosa y descubriendo de repente que su alma, sin que él fuera consciente de ello, había pasado por experiencias terribles y conocido alegrías temibles, o amores románticos salvajes, o grandes renuncias. Cuéntame esta historia, Ernest. Quiero divertirme.

ERNEST. ¡Oh, no sé si tiene importancia! Pero me pareció una ilustración realmente admirable del verdadero valor de la crítica de arte ordinaria. Parece ser que una vez una dama le preguntó seriamente al arrepentido Académico, como tú lo llamas, si su célebre cuadro de «Un día de primavera en Whiteley's» o «Esperando al último ómnibus» o algún tema de ese tipo estaba todo pintado a mano.

GILBERT. ¿Y lo estaba?

ERNEST. Eres incorregible. Pero, hablando en serio, ¿para qué sirve la crítica de arte? ¿Por qué no se puede dejar solo al artista para que cree un mundo nuevo si lo desea o, si no, para que sombree el mundo que ya conocemos y del que, me imagino, cada uno de nosotros estaría cansado si el Arte, con su fino espíritu de elección y su delicado instinto de selección, no lo purificara, por así decirlo, para nosotros y le diera una perfección momentánea. Me parece que la imaginación extiende, o debería extender, una soledad a su alrededor, y trabaja mejor en silencio y en aislamiento. ¿Por qué debería el artista preocuparse por el estridente clamor de la crítica? ¿Por qué los que no pueden crear deben encargarse de estimar el valor del trabajo creativo? ¿Qué pueden saber ellos al respecto? Si la obra de una persona es fácil de entender, una explicación es innecesaria...

GILBERT. Y si su obra es incomprensible, una explicación es perversa.

ERNEST. Yo no he dicho eso.

GILBERT. Ah! but you should have. Nowadays, we have so few mysteries left to us that we cannot afford to part with one of them. The members of the Browning Society, like the theologians of the Broad Church Party, or the authors of Mr. Walter Scott's Great Writers Series, seem to me to spend their time in trying to explain their divinity away. Where one had hoped that Browning was a mystic they have sought to show that he was simply inarticulate. Where one had fancied that he had something to conceal, they have proved that he had but little to reveal. But I speak merely of his incoherent work. Taken as a whole the man was great. He did not belong to the Olympians, and had all the incompleteness of the Titan. He did not survey, and it was but rarely that he could sing. His work is marred by struggle, violence and effort, and he passed not from emotion to form, but from thought to chaos. Still, he was great. He has been called a thinker, and was certainly a man who was always thinking, and always thinking aloud; but it was not thought that fascinated him, but rather the processes by which thought moves. It was the machine he loved, not what the machine makes. The method by which the fool arrives at his folly was as dear to him as the ultimate wisdom of the wise. So much, indeed, did the subtle mechanism of mind fascinate him that he despised language, or looked upon it as an incomplete instrument of expression. Rhyme, that exquisite echo which in the Muse's hollow hill creates and answers its own voice; rhyme, which in the hands of the real artist becomes not merely a material element of metrical beauty, but a spiritual element of thought and passion also, waking a new mood, it may be, or stirring a fresh train of ideas, or opening by mere sweetness and suggestion of sound some golden door at which the Imagination itself had knocked in vain; rhyme, which can turn man's utterance to the speech of gods; rhyme, the one chord we have added to the Greek lyre, became in Robert Browning's hands a grotesque, misshapen thing, which at times made him masquerade in poetry as a low comedian, and ride Pegasus too often with his tongue in his cheek. There are moments when he wounds us by monstrous music. Nay, if he can only get his music by breaking the strings of his lute, he breaks them, and they snap in discord, and no Athenian tettix, making melody from tremulous wings, lights on the ivory horn to make the movement perfect, or the interval less harsh. Yet, he was great: and though he turned language into ignoble clay, he made from it men and women that live. He is the most Shakespearian creature since Shakespeare. If Shakespeare could sing with myriad lips,

GILBERT. ¡Ah, pero deberías haberlo hecho! Hoy en día, nos quedan tan pocos misterios que no podemos permitirnos desprendernos de ninguno de ellos. Los miembros de la Browning Society, al igual que los teólogos de Broad Church Party, o los autores de la *Serie de Grandes Escritores* de Mr. Walter Scott, me parece que emplean su tiempo en intentar explicar su divinidad. Donde uno había esperado que Browning fuera un místico, ellos han tratado de demostrar que simplemente era inarticulado. Donde uno había imaginado que tenía algo que ocultar, han demostrado que tenía muy poco que revelar. Pero yo sólo hablo de su obra incoherente. Tomado en su conjunto, era un gran hombre. No pertenecía al Olimpo y tenía toda la incompletud del Titán. No inspeccionaba y sólo en contadas ocasiones sabía cantar. Su obra está empañada por la lucha, la violencia y el esfuerzo, y no pasó de la emoción a la forma, sino del pensamiento al caos. Aun así, fue grande. Se le ha llamado pensador y, ciertamente, era un hombre que siempre estaba pensando y siempre pensando en voz alta; pero no era el pensamiento lo que le fascinaba, sino más bien los procesos por los que se mueve el pensamiento. Era la máquina lo que amaba, no lo que la máquina fabrica. El método por el que el tonto llega a su locura le era tan querido como la sabiduría última del sabio. De hecho, tanto le fascinaba el sutil mecanismo de la mente que despreciaba el lenguaje o lo consideraba un instrumento de expresión incompleto. La rima, ese exquisito eco que en la colina hueca de la Musa crea y responde a su propia voz; la rima, que en manos del verdadero artista se convierte no sólo en un elemento material de belleza métrica sino también en un elemento espiritual de pensamiento y pasión, despertando un nuevo estado de ánimo, puede ser, o agitando una fresca sucesión de ideas, o abriendo por la mera dulzura y sugerencia del sonido alguna puerta dorada a la que la propia Imaginación había llamado en vano; la rima, que puede convertir la expresión del hombre en el habla de los dioses; la rima, el único acorde que hemos añadido a la lira griega, se convirtió en manos de Robert Browning en algo grotesco y deforme, que a veces le hizo disfrazarse en poesía de comediante de baja estofa y cabalgar sobre Pegaso con demasiada frecuencia en ton de sorna. Hay momentos en los que nos hiere con una música monstruosa. No, si sólo puede conseguir su música rompiendo las cuerdas de su laúd, las rompe, y chasquean en discordia, y ningún *tettix* ateniense, haciendo melodía de sus alas trémulas, enciende el cuerno de marfil para que el movimiento sea perfecto, o el intervalo menos áspero. Sin embargo, fue grande: y aunque convirtió el lenguaje en arcilla innoble, hizo de ella hombres y mujeres que viven. Es la criatura más shakespe-

Browning could stammer through a thousand mouths. Even now, as I am speaking, and speaking not against him but for him, there glides through the room the pageant of his persons. There, creeps Fra Lippo Lippi with his cheeks still burning from some girl's hot kiss. There, stands dread Saul with the lordly male-sapphires gleaming in his turban. Mildred Tresham is there, and the Spanish monk, yellow with hatred, and Blougram, and Ben Ezra, and the Bishop of St. Praxed's. The spawn of Setebos gibbers in the corner, and Sebald, hearing Pippa pass by, looks on Ottima's haggard face, and loathes her and his own sin, and himself. Pale as the white satin of his doublet, the melancholy king watches with dreamy treacherous eyes too loyal Strafford pass forth to his doom, and Andrea shudders as he hears the cousins whistle in the garden, and bids his perfect wife go down. Yes, Browning was great. And as what will he be remembered? As a poet? Ah, not as a poet! He will be remembered as a writer of fiction, as the most supreme writer of fiction, it may be, that we have ever had. His sense of dramatic situation was unrivalled, and, if he could not answer his own problems, he could at least put problems forth, and what more should an artist do? Considered from the point of view of a creator of character he ranks next to him who made Hamlet. Had he been articulate, he might have sat beside him. The only man who can touch the hem of his garment is George Meredith. Meredith is a prose Browning, and so is Browning. He used poetry as a medium for writing in prose.

ERNEST. There is something in what you say, but there is not everything in what you say. In many points you are unjust.

GILBERT. It is difficult not to be unjust to what one loves. But let us return to the particular point at issue. What was it that you said?

ERNEST. Simply this: that in the best days of art there were no art-critics.

GILBERT. I seem to have heard that observation before, Ernest. It has all the vitality of error and all the tediousness of an old friend.

ERNEST. It is true. Yes: there is no use your tossing your head in that petulant manner. It is quite true. In the best days of art there

riana desde Shakespeare. Si Shakespeare podía cantar con una miríada de labios, Browning podía tartamudear por mil bocas. Incluso ahora, mientras hablo, y no hablo contra él sino a su favor, se desliza por la sala el desfile de sus personas. Allí, se arrastra Fra Lippo Lippi con las mejillas aún encendidas por el beso ardiente de alguna muchacha. Allí, está el temible Saúl con los señoriales zafiros masculinos brillando en su turbante. Mildred Tresham está allí y el monje español, amarillo de odio y Blougram y Ben Ezra y el obispo de San Praxed. El engendro de Setebos farfulla en un rincón y Sebald, al oír pasar a Pippa, contempla el rostro demacrado de Ottima y la aborrece a ella y a su propio pecado, y a sí mismo. Pálido como el blanco satén de su jubón, el melancólico rey mira con ojos soñadores y traicioneros al demasiado leal Strafford pasar a su perdición y Andrea se estremece al oír silbar a los primos en el jardín y ordena a su perfecta esposa que baje. Sí, Browning fue grande. ¿Y como qué será recordado? ¿Como poeta? Ah, ¡no como poeta! Será recordado como escritor de ficción, como el escritor de ficción más supremo, puede ser, que hayamos tenido jamás. Su sentido de la situación dramática no tenía rival y, si no podía responder a sus propios problemas, al menos podía plantearlos, ¿y qué más debe hacer un artista? Considerado desde el punto de vista de un creador de personajes, está a la altura del que hizo a Hamlet. Si hubiera sido elocuente, podría haberse sentado a su lado. El único hombre que puede tocar el dobladillo de su vestimenta es George Meredith. Meredith es un Browning en prosa, y Browning también lo es. Utilizó la poesía como medio para escribir en prosa.

ERNEST. Hay algo en lo que dices, pero no lo hay todo en lo que dices. En muchos puntos eres injusto.

GILBERT. Es difícil no ser injusto con lo que uno ama. Pero volvamos al punto concreto en cuestión. ¿Qué fue lo que dijiste?

ERNEST. Simplemente esto: que en los mejores tiempos del arte no había críticos de arte.

GILBERT. Me parece haber oído esa observación antes, Ernest. Tiene toda la vitalidad del error y todo el tedio de un viejo amigo.

ERNEST. Es cierto. Sí, no sirve de nada que sacudas la cabeza de esa manera tan petulante. Es muy cierto. En los mejores tiempos del arte

were no art-critics. The sculptor hewed from the marble block the great white-limbed Hermes that slept within it. The waxers and gilders of images gave tone and texture to the statue, and the world, when it saw it, worshipped and was dumb. He poured the glowing bronze into the mould of sand, and the river of red metal cooled into noble curves and took the impress of the body of a god. With enamel or polished jewels he gave sight to the sightless eyes. The hyacinth-like curls grew crisp beneath his graver. And when, in some dim frescoed fane, or pillared sunlit portico, the child of Leto stood upon his pedestal, those who passed by, διὰ λαμπροτάτου βαίνοντες ἀβρῶς αἰθέρος [passing lightly through bright shining air], became conscious of a new influence that had come across their lives, and dreamily, or with a sense of strange and quickening joy, went to their homes or daily labour, or wandered, it may be, through the city gates to that nymph-haunted meadow where young Phaedrus bathed his feet, and, lying there on the soft grass, beneath the tall wind—whispering planes and flowering *agnus castus*, began to think of the wonder of beauty, and grew silent with unaccustomed awe. In those days the artist was free. From the river valley he took the fine clay in his fingers, and with a little tool of wood or bone, fashioned it into forms so exquisite that the people gave them to the dead as their playthings, and we find them still in the dusty tombs on the yellow hillside by Tanagra, with the faint gold and the fading crimson still lingering about hair and lips and raiment. On a wall of fresh plaster, stained with bright sandyx or mixed with milk and saffron, he pictured one who trod with tired feet the purple white-starred fields of asphodel, one 'in whose eyelids lay the whole of the Trojan War,' Polyxena, the daughter of Priam; or figured Odysseus, the wise and cunning, bound by tight cords to the mast-step, that he might listen without hurt to the singing of the Sirens, or wandering by the clear river of Acheron, where the ghosts of fishes flitted over the pebbly bed; or showed the Persian in trews and mitre flying before the Greek at Marathon, or the galleys clashing their beaks of brass in the little Salaminian bay. He drew with silver-point and charcoal upon parchment and prepared cedar. Upon ivory and rose-coloured terracotta he painted with wax, making the wax fluid with juice of olives, and with heated irons making it firm. Panel and marble and linen canvas became wonderful as his brush swept across them; and life seeing her own image, was still, and dared not speak. All life, indeed, was his, from the merchants seated in the market-place to the cloaked shepherd lying on the hill;

no había críticos de arte. El escultor tallaba del bloque de mármol el gran Hermes de extremidades blancas que dormía en su interior. Los enceradores y doradores de imágenes daban tono y textura a la estatua, y el mundo, cuando la veía, adoraba y enmudecía. Vertió el bronce incandescente en el molde de arena, y el río de metal rojo se enfrió en nobles curvas y tomó la impronta del cuerpo de un dios. Con esmalte o joyas pulidas dio vista a los ojos sin vista. Los rizos como jacintos crecían crujientes bajo su buril. Y cuando, en algún oscuro fresco, o en un pórtico iluminado por el sol, el hijo de Leto se erguía sobre su pedestal, los que pasaban por allí, διὰ λαμπροτάτου βαίνοντες ἁβρῶς αἰθέρος [pasando ligeramente por el aire brillante], se volvían conscientes de una nueva influencia que había llegado a sus vidas, y soñaban, o sino, con una sensación de extraña y acelerada alegría, se dirigían a sus hogares o a sus labores cotidianas, o vagaban, tal vez, a través de las puertas de la ciudad hasta aquel prado encantado de ninfas donde el joven Fedro bañó sus pies, y, tumbado allí sobre la suave hierba, bajo los altos plátanos susurrantes del viento y el *agnus castus* en flor, comenzó a pensar en la maravilla de la belleza, y enmudeció con un temor desacostumbrado. En aquellos días el artista era libre. Del valle del río tomaba la fina arcilla entre sus dedos y, con una pequeña herramienta de madera o hueso, la moldeaba en formas tan exquisitas que la gente se las daba a los muertos como juguetes, y aún las encontramos en las tumbas polvorientas de la ladera amarilla junto a Tanagra, con el oro tenue y el carmesí desvaído aún persistentes sobre el cabello y los labios y la vestimenta. Sobre una pared de yeso fresco, manchada de brillante sándalo o mezclada con leche y azafrán, representó a una que pisaba con pies cansados los campos de asfódelos de estrellas blancas y púrpuras, una «en cuyos párpados yacía toda la guerra de Troya», Polixena, la hija de Príamo; o dio figura a Odiseo, el sabio y astuto, atado con cuerdas apretadas al plinto del mástil, para poder escuchar sin daño el canto de las sirenas, o vagando por el claro río del Aqueronte, donde los fantasmas de los peces revoloteaban sobre el lecho de guijarros; o mostró al persa con tréboles y mitra volando ante el griego en Maratón, o a las galeras entrechocando sus picos de bronce en la pequeña bahía de Salamin. Dibujó con punta de plata y carbón sobre pergamino y cedro preparado. Sobre marfil y terracota de color rosa pintó con cera, haciendo que la cera se fluidificara con zumo de aceitunas, y con hierros calentados la hizo firme. El panel y el mármol y el lienzo de lino se volvían maravillosos cuando su pincel los recorría; y la vida, al ver su propia imagen, se quedaba quieta y no se atrevía a hablar. Toda la vida, en efecto, era suya, desde los mercaderes

from the nymph hidden in the laurels and the faun that pipes at noon, to the king whom, in long green-curtained litter, slaves bore upon oil-bright shoulders, and fanned with peacock fans. Men and women, with pleasure or sorrow in their faces, passed before him. He watched them, and their secret became his. Through form and colour he re-created a world.

All subtle arts belonged to him also. He held the gem against the revolving disk, and the amethyst became the purple couch for Adonis, and across the veined sardonyx sped Artemis with her hounds. He beat out the gold into roses, and strung them together for necklace or armlet. He beat out the gold into wreaths for the conqueror's helmet, or into palmates for the Tyrian robe, or into masks for the royal dead. On the back of the silver mirror he graved Thetis borne by her Nereids, or love-sick Phaedra with her nurse, or Persephone, weary of memory, putting poppies in her hair. The potter sat in his shed, and, flower-like from the silent wheel, the vase rose up beneath his hands. He decorated the base and stem and ears with pattern of dainty olive-leaf, or foliated acanthus, or curved and crested wave. Then in black or red he painted lads wrestling, or in the race: knights in full armour, with strange heraldic shields and curious visors, leaning from shell-shaped chariot over rearing steeds: the gods seated at the feast or working their miracles: the heroes in their victory or in their pain. Sometimes he would etch in thin vermilion lines upon a ground of white the languid bridegroom and his bride, with Eros hovering round them—an Eros like one of Donatello's angels, a little laughing thing with gilded or with azure wings. On the curved side he would write the name of his friend. ΚΑΛΟΣ ΑΛΚΙΒΙΑΔΗΣ or ΚΑΛΟΣ ΧΑΡΜΙΔΗΣ tells us the story of his days. Again, on the rim of the wide flat cup he would draw the stag browsing, or the lion at rest, as his fancy willed it. From the tiny perfume-bottle laughed Aphrodite at her toilet, and, with bare-limbed Maenads in his train, Dionysus danced round the wine-jar on naked must-stained feet, while, satyr-like, the old Silenus sprawled upon the bloated skins, or shook that magic spear which was tipped with a fretted fir-cone, and wreathed with dark ivy. And no one came to trouble the artist at his work. No irresponsible chatter disturbed him. He was not worried by opinions. By the Ilyssus, says Arnold somewhere, there was no Higginbotham. By the Ilyssus, my dear Gilbert, there were no silly art congresses

sentados en la plaza del mercado hasta el pastor embozado tendido en la colina; desde la ninfa oculta entre los laureles y el fauno que gaitea al mediodía, hasta el rey a quien, en largas literas con cortinas verdes, los esclavos llevaban sobre hombros aceitados y abanicaban con abanicos de pavo real. Hombres y mujeres, con placer o pena en sus rostros, pasaban ante él. Él los observaba, y su secreto se convertía en el suyo. A través de la forma y el color recreó un mundo.

Todas las artes sutiles también le pertenecían. Sostenía la gema contra el disco giratorio, y la amatista se convertía en el lecho púrpura para Adonis, y a través del sardónice veteado se movía Artemisa con sus sabuesos. Él batió el oro en rosas, y las ensartó juntas para collar o brazalete. Batió el oro en coronas para el casco del conquistador, o en palmates para el manto tirio, o en máscaras para los muertos reales. En el reverso del espejo de plata grabó a Tetis llevada por sus Nereidas, o a Fedra enferma de amor con su nodriza, o a Perséfone, cansada del recuerdo, poniéndose amapolas en el pelo. El alfarero se sentó en su cobertizo y, como una flor que brota del silencioso torno, el jarrón se alzó bajo sus manos. Decoró la base, el tallo y las orejas con motivos de delicadas hojas de olivo, o acantos foliados, u ondas curvas y crestadas. Luego, en negro o rojo, pintaba muchachos luchando o participando en la carrera: caballeros con armadura completa, con extraños escudos heráldicos y curiosas viseras, inclinados desde carros en forma de concha sobre corceles encabritados: los dioses sentados en el festín u obrando sus milagros: los héroes en su victoria o en su dolor. A veces grababa con finas líneas bermellón sobre un fondo blanco al lánguido novio y su novia, con Eros revoloteando a su alrededor: un Eros como uno de los ángeles de Donatello, una cosita risueña con alas doradas o azules. En el lado curvo escribiría el nombre de su amigo. ΚΑΛΟΣ ΑΛΚΙΒΙΑΔΗΣ o ΚΑΛΟΣ ΧΑΡΜΙΔΗΣ nos cuenta la historia de sus días. De nuevo, en el borde de la ancha copa plana dibujaba al ciervo hojeando, o al león en reposo, según le apetecía. Del diminuto frasco de perfume reía Afrodita en su aseo y, con las ménades de extremidades desnudas en su séquito, Dioniso danzaba alrededor de la jarra de vino sobre pies desnudos manchados de mosto, mientras, como un sátiro, el viejo Sileno se despatarraba sobre las pieles hinchadas o agitaba aquella lanza mágica que tenía la punta de un cono de abeto calado y estaba coronada de hiedra oscura. Y nadie vino a molestar al artista en su trabajo. Ninguna charla irresponsable le perturbaba. No le preocupaban las opiniones. Por el Iliso, dice Arnold en alguna parte, no existía Higginbotham. Por el Iliso, mi queri-

bringing provincialism to the provinces and teaching the mediocrity how to mouth. By the Ilyssus there were no tedious magazines about art, in which the industrious prattle of what they do not understand. On the reed-grown banks of that little stream strutted no ridiculous journalism monopolising the seat of judgment when it should be apologising in the dock. The Greeks had no art-critics.

GILBERT. Ernest, you are quite delightful, but your views are terribly unsound. I am afraid that you have been listening to the conversation of some one older than yourself. That is always a dangerous thing to do, and if you allow it to degenerate into a habit you will find it absolutely fatal to any intellectual development. As for modern journalism, it is not my business to defend it. It justifies its own existence by the great Darwinian principle of the survival of the vulgarest. I have merely to do with literature.

ERNEST. But what is the difference between literature and journalism?

GILBERT. Oh! journalism is unreadable, and literature is not read. That is all. But with regard to your statement that the Greeks had no art-critics, I assure you that is quite absurd. It would be more just to say that the Greeks were a nation of art-critics.

ERNEST. Really?

GILBERT. Yes, a nation of art-critics. But I don't wish to destroy the delightfully unreal picture that you have drawn of the relation of the Hellenic artist to the intellectual spirit of his age. To give an accurate description of what has never occurred is not merely the proper occupation of the historian, but the inalienable privilege of any man of parts and culture. Still less do I desire to talk learnedly. Learned conversation is either the affectation of the ignorant or the profession of the mentally unemployed. And, as for what is called improving conversation, that is merely the foolish method by which the still more foolish philanthropist feebly tries to disarm the just rancour of the criminal classes. No: let me play to you some mad scarlet thing by Dvorak. The pallid figures on the tapestry are smiling at us, and the heavy eyelids of my bronze Narcissus are folded in sleep. Don't let

do Gilbert, no había tontos congresos de arte llevando el provincialismo a las provincias y enseñando a la mediocridad cómo hablar. Por el Iliso no había tediosas revistas sobre arte, en las que los aplicados parlotean de lo que no entienden. En las orillas crecidas de juncos de ese pequeño arroyo no se pavoneaba ningún periodismo ridículo monopolizando el escaño del juicio cuando debería estar disculpándose en el banquillo de los acusados. Los griegos no tenían críticos de arte.

GILBERT. Ernest, eres encantador, pero tus opiniones son terriblemente desacertadas. Me temo que has estado escuchando la conversación de alguien mayor que tú. Eso es siempre algo peligroso, y si permites que degenere en un hábito lo encontrarás absolutamente fatal para cualquier desarrollo intelectual. En cuanto al periodismo moderno, no es asunto mío defenderlo. Justifica su propia existencia por el gran principio darwiniano de la supervivencia del más vulgar. A mí sólo me incumbe la literatura.

ERNEST. Pero, ¿cuál es la diferencia entre literatura y periodismo?

GILBERT. ¡Oh! el periodismo es ilegible y la literatura no es leída. Eso es todo. Pero con respecto a tu afirmación de que los griegos no tenían críticos de arte, te aseguro que es bastante absurda. Sería más justo decir que los griegos eran una nación de críticos de arte.

ERNEST. ¿De verdad?

GILBERT. Sí, una nación de críticos de arte. Pero no deseo destruir el cuadro deliciosamente irreal que has trazado de la relación del artista helénico con el espíritu intelectual de su época. Dar una descripción exacta de lo que nunca ha ocurrido no es sólo la ocupación propia del historiador, sino el privilegio inalienable de cualquier hombre de diferentes partes y cultura. Menos aún deseo hablar eruditamente. La conversación erudita es o la afectación del ignorante o la profesión del desempleado mental. Y, en cuanto a lo que se llama mejorar la conversación, no es más que el método tonto con el que el aún más tonto filántropo intenta débilmente desarmar el justo rencor de las clases criminales. No, permíteme que toque al piano alguna locura escarlata de Dvorak. Las figuras pálidas del tapiz nos sonríen y los pesados párpados de mi Narciso de bronce se pliegan dormidos. No discutamos nada

us discuss anything solemnly. I am but too conscious of the fact that we are born in an age when only the dull are treated seriously, and I live in terror of not being misunderstood. Don't degrade me into the position of giving you useful information. Education is an admirable thing, but it is well to remember from time to time that nothing that is worth knowing can be taught. Through the parted curtains of the window I see the moon like a clipped piece of silver. Like gilded bees the stars cluster round her. The sky is a hard hollow sapphire. Let us go out into the night. Thought is wonderful, but adventure is more wonderful still. Who knows but we may meet Prince Florizel of Bohemia, and hear the fair Cuban tell us that she is not what she seems?

ERNEST. You are horribly wilful. I insist on your discussing this matter with me. You have said that the Greeks were a nation of art-critics. What art-criticism have they left us?

GILBERT. My dear Ernest, even if not a single fragment of art-criticism had come down to us from Hellenic or Hellenistic days, it would be none the less true that the Greeks were a nation of art-critics, and that they invented the criticism of art just as they invented the criticism of everything else. For, after all, what is our primary debt to the Greeks? Simply the critical spirit. And, this spirit, which they exercised on questions of religion and science, of ethics and metaphysics, of politics and education, they exercised on questions of art also, and, indeed, of the two supreme and highest arts, they have left us the most flawless system of criticism that the world has ever seen.

ERNEST. But what are the two supreme and highest arts?

GILBERT. Life and Literature, life and the perfect expression of life. The principles of the former, as laid down by the Greeks, we may not realise in an age so marred by false ideals as our own. The principles of the latter, as they laid them down, are, in many cases, so subtle that we can hardly understand them. Recognising that the most perfect art is that which most fully mirrors man in all his infinite variety, they elaborated the criticism of language, considered in the light of the mere material of that art, to a point to which we, with our accentual system of reasonable or emotional emphasis, can barely if at all attain; studying, for instance, the metrical movements of a prose as scientifically as a modern musician studies harmony and counter-

solemnemente. Soy demasiado consciente del hecho de que hemos nacido en una época en la que sólo se trata con seriedad a los aburridos, y vivo aterrorizado por no ser malinterpretado. No me degrades a la posición de darte información útil. La educación es algo admirable, pero es bueno recordar de vez en cuando que nada que merezca la pena saberse puede enseñarse. A través de las cortinas abiertas de la ventana veo la luna como una pieza de plata recortada. Como abejas doradas, las estrellas se agrupan a su alrededor. El cielo es un duro zafiro hueco. Salgamos a la noche. El pensamiento es maravilloso, pero la aventura lo es aún más. ¿Quién sabe si nos encontraremos con el príncipe Florizel de Bohemia y oiremos a la bella cubana decirnos que no es lo que parece?

ERNEST. Eres horriblemente obstinado. Insisto en que discutas este asunto conmigo. Tú has dicho que los griegos eran una nación de críticos de arte. ¿Qué crítica de arte nos han dejado?

GILBERT. Mi querido Ernest, aunque no nos hubiera llegado ni un solo fragmento de crítica de arte de la época helénica o helenística, no sería menos cierto que los griegos eran una nación de críticos de arte, y que inventaron la crítica de arte igual que inventaron la crítica de todo lo demás. Porque, después de todo, ¿cuál es nuestra principal deuda con los griegos? Sencillamente, el espíritu crítico. Y, este espíritu, que ejercieron en cuestiones de religión y ciencia, de ética y metafísica, de política y educación, lo ejercieron también en cuestiones de arte y, de hecho, de las dos artes supremas y más elevadas, nos han legado el sistema de crítica más impecable que el mundo haya visto jamás.

ERNEST. ¿Pero cuáles son las dos artes supremas y más elevadas?

GILBERT. La vida y la literatura, la vida y la expresión perfecta de la vida. Los principios de la primera, tal y como los establecieron los griegos, no podemos realizarlos en una época tan empañada por falsos ideales como la nuestra. Los principios de la segunda, tal y como ellos los establecieron, son, en muchos casos, tan sutiles que apenas podemos comprenderlos. Reconociendo que el arte más perfecto es el que refleja más plenamente al hombre en toda su infinita variedad, ellos elaboraron la crítica del lenguaje, considerado a la luz del mero material de ese arte, hasta un punto al que nosotros, con nuestro sistema acentual de énfasis razonable o emocional, apenas podemos llegar, si es que podemos llegar; estudiando, por ejemplo, los movimientos métri-

point, and, I need hardly say, with much keener aesthetic instinct. In this they were right, as they were right in all things. Since the introduction of printing, and the fatal development of the habit of reading amongst the middle and lower classes of this country, there has been a tendency in literature to appeal more and more to the eye, and less and less to the ear which is really the sense which, from the standpoint of pure art, it should seek to please, and by whose canons of pleasure it should abide always. Even the work of Mr. Pater, who is, on the whole, the most perfect master of English prose now creating amongst us, is often far more like a piece of mosaic than a passage in music, and seems, here and there, to lack the true rhythmical life of words and the fine freedom and richness of effect that such rhythmical life produces. We, in fact, have made writing a definite mode of composition, and have treated it as a form of elaborate design. The Greeks, upon the other hand, regarded writing simply as a method of chronicling. Their test was always the spoken word in its musical and metrical relations. The voice was the medium, and the ear the critic. I have sometimes thought that the story of Homer's blindness might be really an artistic myth, created in critical days, and serving to remind us, not merely that the great poet is always a seer, seeing less with the eyes of the body than he does with the eyes of the soul, but that he is a true singer also, building his song out of music, repeating each line over and over again to himself till he has caught the secret of its melody, chaunting in darkness the words that are winged with light. Certainly, whether this be so or not, it was to his blindness, as an occasion, if not as a cause, that England's great poet owed much of the majestic movement and sonorous splendour of his later verse. When Milton could no longer write he began to sing. Who would match the measures of Comus with the measures of *Samson Agonistes*, or of *Paradise Lost* or *Regained?* When Milton became blind he composed, as every one should compose, with the voice purely, and so the pipe or reed of earlier days became that mighty many-stopped organ whose rich reverberant music has all the stateliness of Homeric verse, if it seeks not to have its swiftness, and is the one imperishable inheritance of English literature sweeping through all the ages, because above them, and abiding with us ever, being immortal in its form. Yes: writing has done much harm to writers. We must return to the voice. That must be our test, and perhaps then we shall be able to appreciate some of the subtleties of Greek art-criticism.

cos de una prosa tan científicamente como un músico moderno estudia la armonía y el contrapunto, y, no hace falta decirlo, con un instinto estético mucho más agudo. En esto tenían razón, como en todo. Desde la introducción de la imprenta, y el fatal desarrollo del hábito de la lectura entre las clases medias y bajas de este país, ha habido una tendencia en la literatura a apelar cada vez más al ojo, y cada vez menos al oído, que es realmente el sentido que, desde el punto de vista del arte puro, debería tratar de complacer, y por cuyos cánones de placer debería regirse siempre. Incluso la obra de Mr. Pater, que es, en conjunto, el maestro más perfecto de la prosa inglesa creando en este momento entre nosotros, se parece a menudo mucho más a una pieza de mosaico que a un pasaje musical, y parece, aquí y allá, carecer de la verdadera vida rítmica de las palabras y de la fina libertad y riqueza de efecto que tal vida rítmica produce. Nosotros, de hecho, hemos hecho de la escritura un modo definido de composición, y la hemos tratado como una forma de diseño elaborado. Los griegos, en cambio, consideraban la escritura simplemente como un método de crónica. Su prueba fue siempre la palabra hablada en sus relaciones musicales y métricas. La voz era el medio, y el oído el crítico. A veces he pensado que la historia de la ceguera de Homero podría ser realmente un mito artístico, creado en los días críticos, y servir para recordarnos, no sólo que el gran poeta es siempre un vidente, que ve menos con los ojos del cuerpo que con los del alma, sino que también es un verdadero cantante, que construye su canción a partir de la música, repitiendo cada verso una y otra vez para sí mismo hasta que ha captado el secreto de su melodía, canturreando en la oscuridad las palabras que están aladas de luz. Ciertamente, sea esto así o no, fue a su ceguera, como ocasión, si no como causa, a lo que el gran poeta de Inglaterra debió gran parte del majestuoso movimiento y del sonoro esplendor de su verso posterior. Cuando Milton ya no pudo escribir empezó a cantar. ¿Quién igualaría los compases de Comus con los de *Sansón Agonistes*, o los de *Paraíso perdido* o *recuperado?* Cuando Milton se quedó ciego compuso, como todo el mundo debería componer, con la voz puramente, y así la pipa o la caña de antes se convirtió en ese poderoso órgano de muchos registros cuya rica música reverberante tiene toda la majestuosidad del verso homérico, si no busca tener su rapidez, y es la única herencia imperecedera de la literatura inglesa que barre a través de todas las épocas, porque está por encima de ellas, y permanece con nosotros siempre, siendo inmortal en su forma. Sí, la escritura ha hecho mucho daño a los escritores. Debemos volver a la voz. Esa debe ser nuestra prueba, y quizá entonces seamos capaces de apreciar algu-

As it now is, we cannot do so. Sometimes, when I have written a piece of prose that I have been modest enough to consider absolutely free from fault, a dreadful thought comes over me that I may have been guilty of the immoral effeminacy of using trochaic and tribrachic movements, a crime for which a learned critic of the Augustan age censures with most just severity the brilliant if somewhat paradoxical Hegesias. I grow cold when I think of it, and wonder to myself if the admirable ethical effect of the prose of that charming writer, who once in a spirit of reckless generosity towards the uncultivated portion of our community proclaimed the monstrous doctrine that conduct is three-fourths of life, will not some day be entirely annihilated by the discovery that the paeons have been wrongly placed.

ERNEST. Ah! now you are flippant.

GILBERT. Who would not be flippant when he is gravely told that the Greeks had no art-critics? I can understand it being said that the constructive genius of the Greeks lost itself in criticism, but not that the race to whom we owe the critical spirit did not criticise. You will not ask me to give you a survey of Greek art criticism from Plato to Plotinus. The night is too lovely for that, and the moon, if she heard us, would put more ashes on her face than are there already. But think merely of one perfect little work of aesthetic criticism, Aristotle's *Treatise on Poetry*. It is not perfect in form, for it is badly written, consisting perhaps of notes dotted down for an art lecture, or of isolated fragments destined for some larger book, but in temper and treatment it is perfect, absolutely. The ethical effect of art, its importance to culture, and its place in the formation of character, had been done once for all by Plato; but here we have art treated, not from the moral, but from the purely aesthetic point of view. Plato had, of course, dealt with many definitely artistic subjects, such as the importance of unity in a work of art, the necessity for tone and harmony, the aesthetic value of appearances, the relation of the visible arts to the external world, and the relation of fiction to fact. He first perhaps stirred in the soul of man that desire that we have not yet satisfied, the desire to know the connection between Beauty and Truth, and the place of Beauty in the moral and intellectual order of the Kosmos.

nas de las sutilezas de la crítica de arte griega.

Tal como están las cosas ahora, no podemos hacerlo. A veces, cuando he escrito una pieza de prosa que he tenido la modestia de considerar absolutamente libre de faltas, me asalta el espantoso pensamiento de que puedo haber sido culpable del inmoral afeminamiento de utilizar movimientos trocaicos y tribraquicos, un crimen por el que un erudito crítico de la época de Augusto censura con la más justa severidad al brillante aunque algo paradójico Hegesias. Me da frío cuando pienso en ello, y me pregunto si el admirable efecto ético de la prosa de ese encantador escritor, que una vez proclamó con un espíritu de temeraria generosidad hacia la parte inculta de nuestra comunidad la monstruosa doctrina de que la conducta es las tres cuartas partes de la vida, no se verá algún día totalmente aniquilado por el descubrimiento de que los peanes han sido mal colocados.

ERNEST. ¡Ah! Ahora eres frívolo.

GILBERT. ¿Quién no sería frívolo cuando le dicen con seriedad que los griegos no tenían críticos de arte? Puedo entender que se diga que el genio constructivo de los griegos se perdió en la crítica, pero no que la raza a la que debemos el espíritu crítico no criticara. No me pedirás que te haga un repaso de la crítica de arte griega desde Platón hasta Plotino. La noche es demasiado hermosa para eso, y la luna, si nos oyera, pondría más cenizas en su rostro de las que ya hay. Pero pensemos simplemente en una pequeña obra perfecta de crítica estética, el *Tratado sobre la poesía* de Aristóteles. No es perfecta en la forma, pues está mal escrita, compuesta tal vez de notas o apuntes para una conferencia sobre arte, o de fragmentos aislados destinados a algún libro mayor, pero en el temperamento y el tratamiento es perfecta, absolutamente. El efecto ético del arte, su importancia para la cultura y su lugar en la formación del carácter, habían sido tratados de una vez por todas por Platón; pero aquí tenemos el arte tratado, no desde el punto de vista moral, sino desde el puramente estético. Por supuesto, Platón había tratado muchos temas definitivamente artísticos, como la importancia de la unidad en una obra de arte, la necesidad del tono y la armonía, el valor estético de las apariencias, la relación de las artes visibles con el mundo exterior y la relación de la ficción con la realidad. Quizás fue él quien primero despertó en el alma del hombre ese deseo que aún no hemos satisfecho, el deseo de conocer la conexión entre la Belleza y la Verdad, y el lugar

The problems of idealism and realism, as he sets them forth, may seem to many to be somewhat barren of result in the metaphysical sphere of abstract being in which he places them, but transfer them to the sphere of art, and you will find that they are still vital and full of meaning. It may be that it is as a critic of Beauty that Plato is destined to live, and that by altering the name of the sphere of his speculation we shall find a new philosophy. But Aristotle, like Goethe, deals with art primarily in its concrete manifestations, taking Tragedy, for instance, and investigating the material it uses, which is language, its subject-matter, which is life, the method by which it works, which is action, the conditions under which it reveals itself, which are those of theatric presentation, its logical structure, which is plot, and its final aesthetic appeal, which is to the sense of beauty realised through the passions of pity and awe. That purification and spiritualising of the nature which he calls κάθαρσις is, as Goethe saw, essentially aesthetic, and is not moral, as Lessing fancied. Concerning himself primarily with the impression that the work of art produces, Aristotle sets himself to analyse that impression, to investigate its source, to see how it is engendered. As a physiologist and psychologist, he knows that the health of a function resides in energy. To have a capacity for a passion and not to realise it, is to make oneself incomplete and limited. The mimic spectacle of life that Tragedy affords cleanses the bosom of much 'perilous stuff,' and by presenting high and worthy objects for the exercise of the emotions purifies and spiritualises the man; nay, not merely does it spiritualise him, but it initiates him also into noble feelings of which he might else have known nothing, the word κάθαρσις having, it has sometimes seemed to me, a definite allusion to the rite of initiation, if indeed that be not, as I am occasionally tempted to fancy, its true and only meaning here. This is of course a mere outline of the book. But you see what a perfect piece of aesthetic criticism it is. Who indeed but a Greek could have analysed art so well? After reading it, one does not wonder any longer that Alexandria devoted itself so largely to art-criticism, and that we find the artistic temperaments of the day investigating every question of style and manner, discussing the great Academic schools of painting, for instance, such as the school of Sicyon, that sought to preserve the dignified traditions of the antique mode, or the realistic and impressionist schools, that aimed at reproducing actual life, or the elements of ideality in portraiture, or the artistic value of the epic form in an age so modern as theirs, or the proper subject-matter for the art-

de la Belleza en el orden moral e intelectual del *Kosmos*. Los problemas del idealismo y el realismo, tal y como él los expone, pueden parecer a muchos un tanto estériles de resultados en la esfera metafísica del ser abstracto en la que los sitúa, pero trasládalos a la esfera del arte y descubrirás que siguen siendo vitales y llenos de significado. Puede que sea como crítico de la Belleza como Platón está destinado a vivir, y que alterando el nombre de la esfera de su especulación encontremos una nueva filosofía. Pero Aristóteles, al igual que Goethe, se ocupa del arte principalmente en sus manifestaciones concretas, tomando la Tragedia, por ejemplo, e investigando el material que utiliza, que es el lenguaje, su tema, que es la vida, el método por el que trabaja, que es la acción, las condiciones bajo las que se revela, que son las de la presentación teatral, su estructura lógica, que es la trama, y su apelación estética final, que es al sentido de la belleza realizado a través de las pasiones de la piedad y el temor. Esa purificación y espiritualización de la naturaleza que él llama κάθαρσις es, como vio Goethe, esencialmente estética, y no es moral, como se le antojó a Lessing. Preocupándose ante todo por la impresión que produce la obra de arte, Aristóteles se propone analizar esa impresión, investigar su fuente, ver cómo se engendra. Como fisiólogo y psicólogo, sabe que la salud de una función reside en la energía. Tener capacidad para una pasión y no realizarla, es hacerse incompleto y limitado. El espectáculo mímico de la vida que ofrece la Tragedia limpia el pecho de muchas «cosas peligrosas» y, al presentar objetos elevados y dignos para el ejercicio de las emociones, purifica y espiritualiza al hombre; es más, no sólo lo espiritualiza, sino que también lo inicia en sentimientos nobles de los que de otro modo podría no haber sabido nada, la palabra κάθαρσις tiene, me ha parecido a veces, una alusión definitiva al rito de iniciación, si es que no es ése, como a veces me siento tentado de imaginar, su verdadero y único significado aquí. Esto es, por supuesto, un mero esbozo del libro. Pero ya ves qué perfecta pieza de crítica estética es. ¿Quién sino un griego podría haber analizado el arte tan bien? Después de leerlo, uno ya no se extraña de que Alejandría se dedicara tan ampliamente a la crítica de arte, y de que encontremos a los temperamentos artísticos de la época investigando cada cuestión de estilo y manera, discutiendo las grandes escuelas académicas de pintura, por ejemplo, como la escuela de Sicyon, que pretendían preservar las dignas tradiciones del modo antiguo, o las escuelas realista e impresionista, que pretendían reproducir la vida real, o los elementos de idealidad en el retrato, o el valor artístico de la forma épica en una época tan moderna como la suya, o el tema adecuado para el ar-

ist. Indeed, I fear that the inartistic temperaments of the day busied themselves also in matters of literature and art, for the accusations of plagiarism were endless, and such accusations proceed either from the thin colourless lips of impotence, or from the grotesque mouths of those who, possessing nothing of their own, fancy that they can gain a reputation for wealth by crying out that they have been robbed. And I assure you, my dear Ernest, that the Greeks chattered about painters quite as much as people do nowadays, and had their private views, and shilling exhibitions, and Arts and Crafts guilds, and Pre-Raphaelite movements, and movements towards realism, and lectured about art, and wrote essays on art, and produced their art-historians, and their archaeologists, and all the rest of it. Why, even the theatrical managers of travelling companies brought their dramatic critics with them when they went on tour, and paid them very handsome salaries for writing laudatory notices. Whatever, in fact, is modern in our life we owe to the Greeks. Whatever is an anachronism is due to mediaevalism. It is the Greeks who have given us the whole system of art-criticism, and how fine their critical instinct was, may be seen from the fact that the material they criticised with most care was, as I have already said, language. For the material that painter or sculptor uses is meagre in comparison with that of words. Words have not merely music as sweet as that of viol and lute, colour as rich and vivid as any that makes lovely for us the canvas of the Venetian or the Spaniard, and plastic form no less sure and certain than that which reveals itself in marble or in bronze, but thought and passion and spirituality are theirs also, are theirs indeed alone. If the Greeks had criticised nothing but language, they would still have been the great art-critics of the world. To know the principles of the highest art is to know the principles of all the arts.

But I see that the moon is hiding behind a sulphur-coloured cloud. Out of a tawny mane of drift she gleams like a lion's eye. She is afraid that I will talk to you of Lucian and Longinus, of Quinctilian and Dionysius, of Pliny and Fronto and Pausanias, of all those who in the antique world wrote or lectured upon art matters. She need not be afraid. I am tired of my expedition into the dim, dull abyss of facts. There is nothing left for me now but the divine μονόχρονος ηδονή of another cigarette. Cigarettes have at least the charm of leaving one unsatisfied.

tista. De hecho, me temo que los temperamentos inartistas de la época se ocupaban también de cuestiones literarias y artísticas, pues las acusaciones de plagio eran interminables, y tales acusaciones proceden o bien de los finos labios incoloros de la impotencia, o bien de las bocas grotescas de aquellos que, no poseyendo nada propio, se imaginan que pueden ganarse una reputación de riqueza gritando que les han robado. Y te aseguro, querido Ernest, que los griegos parloteaban sobre pintores tanto como la gente hoy en día, y tenían sus opiniones privadas, y exposiciones por chelines, y gremios de Artes y Oficios, y movimientos prerrafaelitas, y movimientos hacia el realismo, y daban conferencias sobre arte, y escribían ensayos sobre arte, y producían sus historiadores del arte, y sus arqueólogos, y todo lo demás. Vaya, incluso los directores teatrales de las compañías itinerantes llevaban consigo a sus críticos dramáticos cuando salían de gira, y les pagaban sueldos muy suculentos por escribir reseñas laudatorias. Todo lo que, de hecho, es moderno en nuestra vida se lo debemos a los griegos. Lo que sea anacrónico se lo debemos al medievalismo. Son los griegos quienes nos han dado todo el sistema de la crítica de arte, y lo fino que era su instinto crítico puede verse por el hecho de que el material que criticaban con más cuidado era, como ya he dicho, el lenguaje. Pues el material que utiliza el pintor o el escultor es exiguo en comparación con el de las palabras. Las palabras no sólo tienen una música tan dulce como la de la viola y el laúd, un color tan rico y vivo como cualquiera de los que hacen encantador para nosotros el lienzo del veneciano o del español, y una forma plástica no menos segura y cierta que la que se revela en el mármol o en el bronce, sino que el pensamiento y la pasión y la espiritualidad son también suyas, son en verdad sólo suyas. Si los griegos no hubieran criticado nada más que el lenguaje, habrían seguido siendo los grandes críticos de arte del mundo. Conocer los principios del arte más elevado es conocer los principios de todas las artes.

Pero veo que la luna se oculta tras una nube color azufre. De entre una melena leonada a la deriva brilla como el ojo de un león. Ella teme que le hable de Luciano y Longino, de Quintiliano y Dionisio, de Plinio y Fronto y Pausanias, de todos aquellos que en el mundo antiguo escribieron o disertaron sobre cuestiones de arte. No debe tener miedo. Estoy cansado de mi expedición al abismo opaco y apagado de los hechos. Ya no me queda más que el divino μονόχρονος ηδονή de otro cigarrillo. Los cigarrillos tienen al menos el encanto de dejarle a uno insatisfecho.

ERNEST. Try one of mine. They are rather good. I get them direct from Cairo. The only use of our *attachés* is that they supply their friends with excellent tobacco. And as the moon has hidden herself, let us talk a little longer. I am quite ready to admit that I was wrong in what I said about the Greeks. They were, as you have pointed out, a nation of art-critics. I acknowledge it, and I feel a little sorry for them. For the creative faculty is higher than the critical. There is really no comparison between them.

GILBERT. The antithesis between them is entirely arbitrary. Without the critical faculty, there is no artistic creation at all, worthy of the name. You spoke a little while ago of that fine spirit of choice and delicate instinct of selection by which the artist realises life for us, and gives to it a momentary perfection. Well, that spirit of choice, that subtle tact of omission, is really the critical faculty in one of its most characteristic moods, and no one who does not possess this critical faculty can create anything at all in art. Arnold's definition of literature as a criticism of life was not very felicitous in form, but it showed how keenly he recognised the importance of the critical element in all creative work.

ERNEST. I should have said that great artists work unconsciously, that they were 'wiser than they knew,' as, I think, Emerson remarks somewhere.

GILBERT. It is really not so, Ernest. All fine imaginative work is self-conscious and deliberate. No poet sings because he must sing. At least, no great poet does. A great poet sings because he chooses to sing. It is so now, and it has always been so. We are sometimes apt to think that the voices that sounded at the dawn of poetry were simpler, fresher, and more natural than ours, and that the world which the early poets looked at, and through which they walked, had a kind of poetical quality of its own, and almost without changing could pass into song. The snow lies thick now upon Olympus, and its steep scarped sides are bleak and barren, but once, we fancy, the white feet of the Muses brushed the dew from the anemones in the morning, and at evening came Apollo to sing to the shepherds in the vale. But in this we are merely lending to other ages what we desire, or think we desire, for our own. Our historical sense is at fault. Every century that produces poetry is, so far, an artificial century, and the

ERNEST. Prueba uno de los míos. Son bastante buenos. Los consigo directamente de El Cairo. La única utilidad de nuestros *attachés* es que suministran a sus amigos un tabaco excelente. Y como la luna se ha escondido, hablemos un poco más. Estoy dispuesto a admitir que me equivoqué en lo que dije sobre los griegos. Eran, como tú has señalado, una nación de críticos de arte. Lo reconozco y lo siento un poco por ellos. Pues la facultad creativa es superior a la crítica. Realmente no hay comparación entre ellas.

GILBERT. La antítesis entre ambos es totalmente arbitraria. Sin la facultad crítica, no hay creación artística en absoluto, digna de ese nombre. Tú hablabas hace un rato de ese fino espíritu de elección y delicado instinto de selección por los que el artista realiza la vida para nosotros, y le da una perfección momentánea. Pues bien, ese espíritu de elección, ese sutil tacto de omisión, es realmente la facultad crítica en uno de sus estados de ánimo más característicos, y nadie que no posea esta facultad crítica puede crear nada en absoluto en el arte. La definición de Arnold de la literatura como crítica de la vida no era muy afortunada en la forma, pero mostraba con qué agudeza reconocía la importancia del elemento crítico en toda obra creativa.

ERNEST. Debería haber dicho que los grandes artistas trabajan inconscientemente, que eran «más sabios de lo que sabían», como, creo, comenta Emerson en alguna parte.

GILBERT. Realmente no es así, Ernest. Todo buen trabajo imaginativo es autoconsciente y deliberado. Ningún poeta canta porque deba cantar. Al menos, ningún gran poeta lo hace. Un gran poeta canta porque elige cantar. Así es ahora y así ha sido siempre. A veces somos propensos a pensar que las voces que sonaban en los albores de la poesía eran más sencillas, frescas y naturales que las nuestras, y que el mundo que miraban los primeros poetas y por el que caminaban tenía una especie de cualidad poética propia, y casi sin cambiar podía pasar a la canción. La nieve yace espesa ahora sobre el Olimpo, y sus escarpadas laderas escarpadas son sombrías y estériles, pero una vez, imaginamos, los pies blancos de las Musas rozaban el rocío de las anémonas por la mañana, y al atardecer venía Apolo a cantar a los pastores del valle. Pero en esto no hacemos más que prestar a otras épocas lo que deseamos, o creemos desear, para la nuestra. Nuestro sentido histórico está en falta. Cada siglo que produce poesía es, hasta ahora, un siglo artificial, y la obra que

work that seems to us to be the most natural and simple product of its time is always the result of the most self-conscious effort. Believe me, Ernest, there is no fine art without self-consciousness, and self-consciousness and the critical spirit are one.

ERNEST. I see what you mean, and there is much in it. But surely you would admit that the great poems of the early world, the primitive, anonymous collective poems, were the result of the imagination of races, rather than of the imagination of individuals?

GILBERT. Not when they became poetry. Not when they received a beautiful form. For there is no art where there is no style, and no style where there is no unity, and unity is of the individual. No doubt Homer had old ballads and stories to deal with, as Shakespeare had chronicles and plays and novels from which to work, but they were merely his rough material. He took them, and shaped them into song. They become his, because he made them lovely. They were built out of music,

And so not built at all,
And therefore built for ever.

The longer one studies life and literature, the more strongly one feels that behind everything that is wonderful stands the individual, and that it is not the moment that makes the man, but the man who creates the age. Indeed, I am inclined to think that each myth and legend that seems to us to spring out of the wonder, or terror, or fancy of tribe and nation, was in its origin the invention of one single mind. The curiously limited number of the myths seems to me to point to this conclusion. But we must not go off into questions of comparative mythology. We must keep to criticism. And what I want to point out is this. An age that has no criticism is either an age in which art is immobile, hieratic, and confined to the reproduction of formal types, or an age that possesses no art at all. There have been critical ages that have not been creative, in the ordinary sense of the word, ages in which the spirit of man has sought to set in order the treasures of his treasure-house, to separate the gold from the silver, and the silver from the lead, to count over the jewels, and to give names to the pearls. But there has never been a creative age that has not been critical also. For it is the critical faculty that invents fresh forms. The

nos parece el producto más natural y sencillo de su tiempo es siempre el resultado del esfuerzo más autoconsciente. Créeme, Ernest, no hay buen arte sin autoconciencia, y la autoconciencia y el espíritu crítico son uno.

ERNEST. Entiendo lo que quieres decir, y hay mucho en ello. Pero seguramente admitirás que los grandes poemas del mundo primitivo, los poemas colectivos primitivos y anónimos, fueron el resultado de la imaginación de las razas, más que de la imaginación de los individuos.

GILBERT. No cuando se convirtieron en poesía. No cuando recibieron una forma bella. Porque no hay arte donde no hay estilo, y no hay estilo donde no hay unidad, y la unidad es del individuo. Sin duda Homero tenía viejas baladas e historias con las que tratar, como Shakespeare tenía crónicas y obras de teatro y novelas a partir de las cuales trabajar, pero no eran más que su material en bruto. Él los tomó y les dio forma de canción. Se convirtieron en suyas, porque él las hizo encantadoras. Las construyó a partir de la música,

Y por eso no se construyó en absoluto,
y por eso se construyó para siempre.

Cuanto más estudia uno la vida y la literatura, más fuertemente siente que detrás de todo lo maravilloso se encuentra el individuo, y que no es el momento el que hace al hombre, sino el hombre el que crea la época. De hecho, me inclino a pensar que cada mito y leyenda que nos parece brotar de la maravilla, o el terror, o la fantasía de tribu y nación, fue en su origen la invención de una sola mente. El número curiosamente limitado de los mitos me parece que apunta a esta conclusión. Pero no debemos adentrarnos en cuestiones de mitología comparada. Debemos ceñirnos a la crítica. Y lo que quiero señalar es lo siguiente. Una época que no tiene crítica es, o bien una época en la que el arte es inmóvil, hierático y se limita a la reproducción de tipos formales, o bien una época que no posee arte alguno. Ha habido épocas críticas que no han sido creativas, en el sentido ordinario de la palabra, épocas en las que el espíritu del hombre ha intentado poner en orden los tesoros de su casa del tesoro, separar el oro de la plata y la plata del plomo, contar las joyas y dar nombre a las perlas. Pero nunca ha habido una época creadora que no haya sido también crítica. Pues es la facultad crítica la que inventa nuevas formas. La tendencia de la creación es a repetirse. Es al instinto

tendency of creation is to repeat itself. It is to the critical instinct that we owe each new school that springs up, each new mould that art finds ready to its hand. There is really not a single form that art now uses that does not come to us from the critical spirit of Alexandria, where these forms were either stereotyped or invented or made perfect. I say Alexandria, not merely because it was there that the Greek spirit became most self-conscious, and indeed ultimately expired in scepticism and theology, but because it was to that city, and not to Athens, that Rome turned for her models, and it was through the survival, such as it was, of the Latin language that culture lived at all. When, at the Renaissance, Greek literature dawned upon Europe, the soil had been in some measure prepared for it. But, to get rid of the details of history, which are always wearisome and usually inaccurate, let us say generally, that the forms of art have been due to the Greek critical spirit. To it we owe the epic, the lyric, the entire drama in every one of its developments, including burlesque, the idyll, the romantic novel, the novel of adventure, the essay, the dialogue, the oration, the lecture, for which perhaps we should not forgive them, and the epigram, in all the wide meaning of that word. In fact, we owe it everything, except the sonnet, to which, however, some curious parallels of thought-movement may be traced in the Anthology, American journalism, to which no parallel can be found anywhere, and the ballad in sham Scotch dialect, which one of our most industrious writers has recently proposed should be made the basis for a final and unanimous effort on the part of our second-rate poets to make themselves really romantic. Each new school, as it appears, cries out against criticism, but it is to the critical faculty in man that it owes its origin. The mere creative instinct does not innovate, but reproduces.

ERNEST. You have been talking of criticism as an essential part of the creative spirit, and I now fully accept your theory. But what of criticism outside creation? I have a foolish habit of reading periodicals, and it seems to me that most modern criticism is perfectly valueless.

GILBERT. So is most modern creative work also. Mediocrity weighing mediocrity in the balance, and incompetence applauding its brother—that is the spectacle which the artistic activity of England affords us from time to time. And yet, I feel I am a little unfair in this

crítico al que debemos cada nueva escuela que surge, cada nuevo molde que el arte encuentra listo para su mano. Realmente no hay una sola forma que el arte utilice ahora que no nos llegue del espíritu crítico de Alejandría, donde estas formas fueron estereotipadas o inventadas o perfeccionadas. Digo Alejandría, no sólo porque fue allí donde el espíritu griego llegó a ser más consciente de sí mismo, y de hecho finalmente expiró en el escepticismo y la teología, sino porque fue a esa ciudad, y no a Atenas, a la que Roma se dirigió en busca de sus modelos, y fue a través de la supervivencia, tal como fue, de la lengua latina que la cultura vivió en absoluto. Cuando, en el Renacimiento, la literatura griega amaneció en Europa, el terreno había estado en cierta medida preparado para ella. Pero, para librarnos de los detalles de la historia, siempre fastidiosos y generalmente inexactos, digamos en general que las formas del arte se deben al espíritu crítico griego. A él debemos la epopeya, la lírica, el drama completo en cada uno de sus desarrollos, incluyendo el burlesco, el idilio, la novela romántica, la novela de aventuras, el ensayo, el diálogo, la oración, la conferencia, por la que quizá no debamos perdonarles, y el epigrama, en todo el amplio significado de esa palabra. De hecho, se lo debemos todo, excepto el soneto, al que, sin embargo, se le pueden trazar algunos curiosos paralelismos de movimiento de pensamiento en la Antología, el periodismo americano, al que no se le puede encontrar paralelo en ninguna parte, y la balada en falso dialecto escocés, que uno de nuestros escritores más industriosos ha propuesto recientemente que se convierta en la base de un esfuerzo final y unánime por parte de nuestros poetas de segunda fila para volverse realmente románticos. Cada nueva escuela, a medida que aparece, clama contra la crítica, pero es a la facultad crítica en el hombre a la que debe su origen. El mero instinto creativo no innova, sino que reproduce.

ERNEST. Tú has estado hablando de la crítica como parte esencial del espíritu creativo, y ahora acepto plenamente tu teoría. Pero, ¿qué hay de la crítica fuera de la creación? Tengo la tonta costumbre de leer publicaciones periódicas, y me parece que la mayor parte de la crítica moderna carece de todo valor.

GILBERT. Así es también la mayor parte del trabajo creativo moderno. La mediocridad pesando a la mediocridad en la balanza, y la incompetencia aplaudiendo a su hermano, ése es el espectáculo que la actividad artística de Inglaterra nos ofrece de vez en cuando. Y sin embargo, sien-

matter. As a rule, the critics—I speak, of course, of the higher class, of those in fact who write for the sixpenny papers—are far more cultured than the people whose work they are called upon to review. This is, indeed, only what one would expect, for criticism demands infinitely more cultivation than creation does.

ERNEST. Really?

GILBERT. Certainly. Anybody can write a three-volumed novel. It merely requires a complete ignorance of both life and literature. The difficulty that I should fancy the reviewer feels is the difficulty of sustaining any standard. Where there is no style a standard must be impossible. The poor reviewers are apparently reduced to be the reporters of the police-court of literature, the chroniclers of the doings of the habitual criminals of art. It is sometimes said of them that they do not read all through the works they are called upon to criticise. They do not. Or at least they should not. If they did so, they would become confirmed misanthropes, or if I may borrow a phrase from one of the pretty Newnham graduates, confirmed womanthropes for the rest of their lives. Nor is it necessary. To know the vintage and quality of a wine one need not drink the whole cask. It must be perfectly easy in half an hour to say whether a book is worth anything or worth nothing. Ten minutes are really sufficient, if one has the instinct for form. Who wants to wade through a dull volume? One tastes it, and that is quite enough—more than enough, I should imagine. I am aware that there are many honest workers in painting as well as in literature who object to criticism entirely. They are quite right. Their work stands in no intellectual relation to their age. It brings us no new element of pleasure. It suggests no fresh departure of thought, or passion, or beauty. It should not be spoken of. It should be left to the oblivion that it deserves.

ERNEST. But, my dear fellow—excuse me for interrupting you—you seem to me to be allowing your passion for criticism to lead you a great deal too far. For, after all, even you must admit that it is much more difficult to do a thing than to talk about it.

GILBERT. More difficult to do a thing than to talk about it? Not at

to que soy un poco injusto en este asunto. Por regla general, los críticos —hablo, por supuesto, de la clase superior, de los que de hecho escriben para los periódicos de seis peniques— son mucho más cultos que las personas cuyas obras deben reseñar. Esto es, de hecho, sólo lo que cabría esperar, ya que la crítica exige infinitamente más cultivo que la creación.

ERNEST. ¿De verdad?

GILBERT. Ciertamente. Cualquiera puede escribir una novela de tres volúmenes. Sólo requiere un desconocimiento total tanto de la vida como de la literatura. La dificultad que me imagino que siente el crítico es la dificultad de sostener cualquier estándar. Donde no hay estilo, un estándar debe ser imposible. Los pobres críticos se ven aparentemente reducidos a ser los reporteros del tribunal policial de la literatura, los cronistas de las hazañas de los delincuentes habituales del arte. A veces se dice de ellos que no leen por completo las obras que deben criticar. No lo hacen. O al menos no deberían hacerlo. Si lo hicieran, se convertirían en misántropos empedernidos o, si se me permite tomar prestada una frase de una de las guapas graduadas de Newnham, en mujerzuelas empedernidas para el resto de sus vidas. Tampoco es necesario. Para conocer la añada y la calidad de un vino no hace falta beberse toda la barrica. Debe ser perfectamente fácil decir en media hora si un libro vale algo o no vale nada. Diez minutos son realmente suficientes, si uno tiene instinto para la forma. ¿Quién quiere vadear un volumen aburrido? Uno lo saborea, y eso es suficiente; más que suficiente, me imagino. Soy consciente de que hay muchos trabajadores honrados tanto en la pintura como en la literatura que se oponen totalmente a la crítica. Tienen toda la razón. Su trabajo no guarda ninguna relación intelectual con su época. No nos aporta ningún elemento nuevo de placer. No sugiere ningún nuevo punto de partida del pensamiento, o de la pasión, o de la belleza. No debería hablarse de ella. Debería dejarse en el olvido que merece.

ERNEST. Pero, mi querido amigo —perdona que te interrumpa—, me parece que estás permitiendo que tu pasión por la crítica te lleve demasiado lejos. Porque, después de todo, incluso tú debes admitir que es mucho más difícil hacer una cosa que hablar de ella.

GILBERT. ¿Es más difícil hacer una cosa que hablar de ella? En abso-

all. That is a gross popular error. It is very much more difficult to talk about a thing than to do it. In the sphere of actual life that is of course obvious. Anybody can make history. Only a great man can write it. There is no mode of action, no form of emotion, that we do not share with the lower animals. It is only by language that we rise above them, or above each other—by language, which is the parent, and not the child, of thought. Action, indeed, is always easy, and when presented to us in its most aggravated, because most continuous form, which I take to be that of real industry, becomes simply the refuge of people who have nothing whatsoever to do. No, Ernest, don't talk about action. It is a blind thing dependent on external influences, and moved by an impulse of whose nature it is unconscious. It is a thing incomplete in its essence, because limited by accident, and ignorant of its direction, being always at variance with its aim. Its basis is the lack of imagination. It is the last resource of those who know not how to dream.

ERNEST. Gilbert, you treat the world as if it were a crystal ball. You hold it in your hand, and reverse it to please a wilful fancy. You do nothing but re-write history.

GILBERT. The one duty we owe to history is to re-write it. That is not the least of the tasks in store for the critical spirit. When we have fully discovered the scientific laws that govern life, we shall realise that the one person who has more illusions than the dreamer is the man of action. He, indeed, knows neither the origin of his deeds nor their results. From the field in which he thought that he had sown thorns, we have gathered our vintage, and the fig-tree that he planted for our pleasure is as barren as the thistle, and more bitter. It is because Humanity has never known where it was going that it has been able to find its way.

ERNEST. You think, then, that in the sphere of action a conscious aim is a delusion?

GILBERT. It is worse than a delusion. If we lived long enough to see the results of our actions it may be that those who call themselves good would be sickened with a dull remorse, and those whom the world calls evil stirred by a noble joy. Each little thing that we do passes into the great machine of life which may grind our virtues

luto. Eso es un craso error popular. Es mucho más difícil hablar de una cosa que hacerla. En la esfera de la vida real eso es, por supuesto, obvio. Cualquiera puede hacer historia. Sólo un gran hombre puede escribirla. No hay ningún modo de acción, ninguna forma de emoción, que no compartamos con los animales inferiores. Sólo por el lenguaje nos elevamos por encima de ellos, o por encima de los demás: por el lenguaje, que es el padre, y no el hijo, del pensamiento. La acción, en efecto, siempre es fácil, y cuando se nos presenta en su forma más agravada, porque la más continua, que yo considero la de la verdadera industria, se convierte simplemente en el refugio de las personas que no tienen nada en absoluto que hacer. No, Ernest, no hables de acción. Es una cosa ciega, dependiente de influencias externas, y movida por un impulso de cuya naturaleza es inconsciente. Es una cosa incompleta en su esencia, porque limitada por el accidente, e ignorante de su dirección, está siempre en desacuerdo con su objetivo. Su base es la falta de imaginación. Es el último recurso de quienes no saben soñar.

ERNEST. Gilbert, tratas al mundo como si fuera una bola de cristal. La tienes en la mano y la inviertes para complacer un capricho a voluntad. No haces más que reescribir la historia.

GILBERT. El único deber que tenemos con la historia es reescribirla. Esa no es la menor de las tareas que le esperan al espíritu crítico. Cuando hayamos descubierto plenamente las leyes científicas que rigen la vida, nos daremos cuenta de que la única persona que se hace más ilusiones que el soñador es el hombre de acción. En efecto, este no conoce ni el origen de sus actos ni sus resultados. Del campo en el que creía haber sembrado espinos, hemos recogido nuestra cosecha, y la higuera que plantó para nuestro placer es tan estéril como el cardo, y más amarga. Es porque la Humanidad nunca ha sabido adónde iba que ha podido encontrar su camino.

ERNEST. ¿Crees, entonces, que en la esfera de la acción un objetivo consciente es un engaño?

GILBERT. Es peor que una ilusión. Si viviéramos lo suficiente para ver los resultados de nuestras acciones, puede que los que se llaman a sí mismos buenos se sintieran asqueados por un sordo remordimiento, y los que el mundo llama malvados, agitados por una noble alegría. Cada pequeña cosa que hacemos pasa a la gran máquina de la vida que pue-

to powder and make them worthless, or transform our sins into elements of a new civilisation, more marvellous and more splendid than any that has gone before. But men are the slaves of words. They rage against Materialism, as they call it, forgetting that there has been no material improvement that has not spiritualised the world, and that there have been few, if any, spiritual awakenings that have not wasted the world's faculties in barren hopes, and fruitless aspirations, and empty or trammelling creeds. What is termed Sin is an essential element of progress. Without it the world would stagnate, or grow old, or become colourless. By its curiosity Sin increases the experience of the race. Through its intensified assertion of individualism, it saves us from monotony of type. In its rejection of the current notions about morality, it is one with the higher ethics. And as for the virtues! What are the virtues? Nature, M. Renan tells us, cares little about chastity, and it may be that it is to the shame of the Magdalen, and not to their own purity, that the Lucretias of modern life owe their freedom from stain. Charity, as even those of whose religion it makes a formal part have been compelled to acknowledge, creates a multitude of evils. The mere existence of conscience, that faculty of which people prate so much nowadays, and are so ignorantly proud, is a sign of our imperfect development. It must be merged in instinct before we become fine. Self-denial is simply a method by which man arrests his progress, and self-sacrifice a survival of the mutilation of the savage, part of that old worship of pain which is so terrible a factor in the history of the world, and which even now makes its victims day by day, and has its altars in the land. Virtues! Who knows what the virtues are? Not you. Not I. Not any one. It is well for our vanity that we slay the criminal, for if we suffered him to live he might show us what we had gained by his crime. It is well for his peace that the saint goes to his martyrdom. He is spared the sight of the horror of his harvest.

ERNEST. Gilbert, you sound too harsh a note. Let us go back to the more gracious fields of literature. What was it you said? That it was more difficult to talk about a thing than to do it?

GILBERT *(after a pause)*. Yes: I believe I ventured upon that simple truth. Surely you see now that I am right? When man acts he is a pup-

de moler nuestras virtudes hasta hacerlas polvo y hacerlas inútiles, o transformar nuestros pecados en elementos de una nueva civilización, más maravillosa y más espléndida que cualquiera que haya existido antes. Pero los hombres son esclavos de las palabras. Se enfurecen contra el Materialismo, como lo llaman, olvidando que no ha habido ninguna mejora material que no haya espiritualizado el mundo, y que ha habido pocos despertares espirituales, si es que ha habido alguno, que no hayan malgastado las facultades del mundo en esperanzas estériles, y aspiraciones infructuosas, y credos vacíos o atormentadores. Lo que se denomina pecado es un elemento esencial del progreso. Sin él, el mundo se estancaría, envejecería o se volvería incoloro. Por su curiosidad, el Pecado aumenta la experiencia de la raza. Mediante su afirmación intensificada del individualismo, nos salva de la monotonía del tipo. En su rechazo de las nociones corrientes sobre la moralidad, es uno con la ética superior. ¡Y en cuanto a las virtudes! ¿Qué son las virtudes? A la naturaleza, nos dice M. Renan, le importa poco la castidad, y puede que sea a la vergüenza de la Magdalena, y no a su propia pureza, a lo que las Lucrecias de la vida moderna deben ser libres de mancha. La caridad, como incluso aquellos de cuya religión forma parte formal se han visto obligados a reconocer, crea una multitud de males. La mera existencia de la conciencia, esa facultad de la que tanto alardea la gente hoy en día y de la que tan ignorantemente se enorgullece, es un signo de nuestro desarrollo imperfecto. Debe fundirse en el instinto antes de que lleguemos a estar bien. La abnegación es simplemente un método por el que el hombre detiene su progreso, y el autosacrificio una supervivencia de la mutilación del salvaje, parte de ese antiguo culto al dolor que es un factor tan terrible en la historia del mundo, y que incluso ahora hace sus víctimas día a día, y tiene sus altares en la tierra. ¡Virtudes! ¿Quién sabe lo que son las virtudes? Tú no. Ni yo. Ni nadie. Es bueno para nuestra vanidad que matemos al criminal, pues si le dejáramos vivir podría mostrarnos lo que habíamos ganado con su crimen. Es bueno para su paz que el santo vaya a su martirio. Se ahorra la visión del horror de su cosecha.

ERNEST. Gilbert, tocas una nota demasiado dura. Volvamos a los campos más graciosos de la literatura. ¿Qué fue lo que dijiste? ¿Que era más difícil hablar de una cosa que hacerla?

GILBERT *(tras una pausa)*. Sí, creo que me aventuré a decir esa simple verdad. Seguro que ahora ves que tengo razón. Cuando el hombre actúa

pet. When he describes he is a poet. The whole secret lies in that. It was easy enough on the sandy plains by windy Ilion to send the notched arrow from the painted bow, or to hurl against the shield of hide and flamelike brass the long ash-handled spear. It was easy for the adulterous queen to spread the Tyrian carpets for her lord, and then, as he lay couched in the marble bath, to throw over his head the purple net, and call to her smooth-faced lover to stab through the meshes at the heart that should have broken at Aulis. For Antigone even, with Death waiting for her as her bridegroom, it was easy to pass through the tainted air at noon, and climb the hill, and strew with kindly earth the wretched naked corse that had no tomb. But what of those who wrote about these things? What of those who gave them reality, and made them live for ever? Are they not greater than the men and women they sing of? 'Hector that sweet knight is dead,' and Lucian tells us how in the dim under-world Menippus saw the bleaching skull of Helen, and marvelled that it was for so grim a favour that all those horned ships were launched, those beautiful mailed men laid low, those towered cities brought to dust. Yet, every day the swanlike daughter of Leda comes out on the battlements, and looks down at the tide of war. The greybeards wonder at her loveliness, and she stands by the side of the king. In his chamber of stained ivory lies her leman. He is polishing his dainty armour, and combing the scarlet plume. With squire and page, her husband passes from tent to tent. She can see his bright hair, and hears, or fancies that she hears, that clear cold voice. In the courtyard below, the son of Priam is buckling on his brazen cuirass. The white arms of Andromache are around his neck. He sets his helmet on the ground, lest their babe should be frightened. Behind the embroidered curtains of his pavilion sits Achilles, in perfumed raiment, while in harness of gilt and silver the friend of his soul arrays himself to go forth to the fight. From a curiously carven chest that his mother Thetis had brought to his ship-side, the Lord of the Myrmidons takes out that mystic chalice that the lip of man had never touched, and cleanses it with brimstone, and with fresh water cools it, and, having washed his hands, fills with black wine its burnished hollow, and spills the thick grape-blood upon the ground in honour of Him whom at Dodona barefooted prophets worshipped, and prays to Him, and knows not that he prays in vain, and that by the hands of two knights from Troy, Panthous' son, Euphorbus, whose love-locks were looped with gold, and the Priamid, the lion-hearted, Patroklus, the comrade of comrades, must

es una marioneta. Cuando describe es un poeta. Todo el secreto reside en eso. Era bastante fácil en las llanuras arenosas junto a la ventosa Ilión lanzar la flecha dentada del arco pintado, o arrojar contra el escudo de piel y el latón flamígero la larga lanza de mango de fresno. Fue fácil para la reina adúltera extender las alfombras tirias para su señor, y luego, mientras él yacía tumbado en el baño de mármol, arrojar sobre su cabeza la red púrpura, y llamar a su amante de rostro liso para que apuñalara a través de las mallas el corazón que debería haberse roto en Aulis. Para Antígona incluso, con la Muerte esperándola como su novio, era fácil atravesar el aire contaminado al mediodía, y subir a la colina, y esparcir con tierra bondadosa el miserable cadáver desnudo que no tenía tumba. Pero, ¿qué hay de aquellos que escribieron sobre estas cosas? ¿Qué hay de quienes les dieron realidad y las hicieron vivir para siempre? ¿Acaso no son más grandes que los hombres y mujeres a los que cantan? «Héctor, ese dulce caballero, ha muerto», y Luciano nos cuenta cómo en el oscuro mundo subterráneo Menipo vio el cráneo blanqueado de Helena, y se maravilló de que fuera por un favor tan sombrío por lo que todos esos barcos con cuernos fueron botados, esos hermosos hombres de correo abatidos, esas ciudades elevadas convertidas en polvo. Sin embargo, cada día la hija de Leda, que parece un cisne, sale a las almenas y contempla la marea de la guerra. Los barbas grises se maravillan de su hermosura, y ella permanece al lado del rey. En su cámara de marfil manchado yace su amante. Está puliendo su delicada armadura y peinando el penacho escarlata. Con escudero y paje, su marido pasa de tienda en tienda. Ella puede ver su brillante cabello, y oye, o imagina que oye, esa voz clara y fría. En el patio de abajo, el hijo de Príamo se está abrochando su coraza de bronce. Los blancos brazos de Andrómaca le rodean el cuello. Pone su yelmo en el suelo, para que su bebé no se asuste. Detrás de las cortinas bordadas de su pabellón se sienta Aquiles, en perfumadas vestiduras, mientras que en arneses de oro y plata se dispone el amigo de su alma para salir a la lucha. De un cofre curiosamente tallado que su madre Tetis había traído a su nave, el señor de los mirmidones saca aquel cáliz místico que el labio del hombre nunca había tocado, y lo limpia con azufre, y con agua fresca lo enfría, y, tras lavarse las manos, llena de vino negro su bruñido hueco, y derrama la espesa sangre de la uva sobre el suelo en honor de Aquel a quien en Dodona los profetas descalzos adoraron, y le reza, y no sabe que reza en vano, y que por las manos de dos caballeros de Troya, el hijo de Pántoo, Euphorbo, cuyos lazos de amor fueron enlazados con oro, y el priamido, el de corazón de león, Patroclo, el camarada de camaradas,

meet his doom. Phantoms, are they? Heroes of mist and mountain? Shadows in a song? No: they are real. Action! What is action? It dies at the moment of its energy. It is a base concession to fact. The world is made by the singer for the dreamer.

ERNEST. While you talk it seems to me to be so.

GILBERT. It is so in truth. On the mouldering citadel of Troy lies the lizard like a thing of green bronze. The owl has built her nest in the palace of Priam. Over the empty plain wander shepherd and goatherd with their flocks, and where, on the wine-surfaced, oily sea, οινοψ πόντος, as Homer calls it, copper-prowed and streaked with vermilion, the great galleys of the Danaoi came in their gleaming crescent, the lonely tunny-fisher sits in his little boat and watches the bobbing corks of his net. Yet, every morning the doors of the city are thrown open, and on foot, or in horse-drawn chariot, the warriors go forth to battle, and mock their enemies from behind their iron masks. All day long the fight rages, and when night comes the torches gleam by the tents, and the cresset burns in the hall. Those who live in marble or on painted panel, know of life but a single exquisite instant, eternal indeed in its beauty, but limited to one note of passion or one mood of calm. Those whom the poet makes live have their myriad emotions of joy and terror, of courage and despair, of pleasure and of suffering. The seasons come and go in glad or saddening pageant, and with winged or leaden feet the years pass by before them. They have their youth and their manhood, they are children, and they grow old. It is always dawn for St. Helena, as Veronese saw her at the window. Through the still morning air the angels bring her the symbol of God's pain. The cool breezes of the morning lift the gilt threads from her brow. On that little hill by the city of Florence, where the lovers of Giorgione are lying, it is always the solstice of noon, of noon made so languorous by summer suns that hardly can the slim naked girl dip into the marble tank the round bubble of clear glass, and the long fingers of the lute-player rest idly upon the chords. It is twilight always for the dancing nymphs whom Corot set free among the silver poplars of France. In eternal twilight they move, those frail diaphanous figures, whose tremulous white feet seem not to touch the dew-drenched grass they tread on. But those who walk in epos, drama, or romance, see through the labouring months the young moons wax and wane, and watch the night from evening unto morn-

debe encontrar su perdición. ¿Son fantasmas? ¿Héroes de la niebla y la montaña? ¿Sombras en una canción? No, son reales. ¡Acción! ¿Qué es la acción? Muere en el momento de su energía. Es una vil concesión a los hechos. El mundo está hecho por el cantante para el soñador.

ERNEST. Mientras hablas me parece que es así.

GILBERT. Así es en verdad. En la ciudadela enmohecida de Troya yace el lagarto como una cosa de bronce verde. La lechuza ha construido su nido en el palacio de Príamo. Por la llanura vacía deambulan el pastor y el pastor con sus rebaños, y donde, sobre el mar aceitoso y cubierto de vino, οινοψ πόντος, como lo llama Homero, teñido de cobre y salpicado de bermellón, las grandes galeras de los danaos llegan en su brillante media luna, el solitario pescador de atunes se sienta en su pequeña barca y observa los corchos bamboleantes de su red. Sin embargo, cada mañana las puertas de la ciudad se abren de par en par, y a pie, o en carro tirado por caballos, los guerreros salen a la batalla, y se burlan de sus enemigos desde detrás de sus máscaras de hierro. Durante todo el día la lucha se recrudece, y cuando llega la noche las antorchas brillan junto a las tiendas, y la cresta arde en el salón. Aquellos que viven en mármol o en un panel pintado, no conocen de la vida más que un único instante exquisito, eterno ciertamente en su belleza, pero limitado a una nota de pasión o a un estado de ánimo de calma. Aquellos a quienes el poeta hace vivir tienen su miríada de emociones de alegría y terror, de coraje y desesperación, de placer y sufrimiento. Las estaciones van y vienen en alegre o triste desfile, y con pies alados o de plomo los años pasan ante ellos. Tienen su juventud y su virilidad, son niños y envejecen. Siempre amanece para Santa Elena, como la vio Veronese en la ventana. A través del aire quieto de la mañana, los ángeles le traen el símbolo del dolor de Dios. Las frescas brisas de la mañana levantan los hilos dorados de su frente. En esa pequeña colina junto a la ciudad de Florencia, donde yacen los amantes de Giorgione, es siempre el solsticio del mediodía, de un mediodía hecho tan lánguido por los soles de verano que apenas puede la esbelta muchacha desnuda sumergir en el tanque de mármol la redonda burbuja de cristal transparente, y los largos dedos del laudista descansan ociosos sobre los acordes. Siempre es crepúsculo para las ninfas bailarinas que Corot liberó entre los álamos plateados de Francia. En el crepúsculo eterno se mueven, esas frágiles figuras diáfanas, cuyos trémulos pies blancos parecen no tocar la hierba empapada de rocío que pisan. Pero aquellos que caminan en

ing star, and from sunrise unto sunsetting can note the shifting day with all its gold and shadow. For them, as for us, the flowers bloom and wither, and the Earth, that Green-tressed Goddess as Coleridge calls her, alters her raiment for their pleasure. The statue is concentrated to one moment of perfection. The image stained upon the canvas possesses no spiritual element of growth or change. If they know nothing of death, it is because they know little of life, for the secrets of life and death belong to those, and those only, whom the sequence of time affects, and who possess not merely the present but the future, and can rise or fall from a past of glory or of shame. Movement, that problem of the visible arts, can be truly realised by Literature alone. It is Literature that shows us the body in its swiftness and the soul in its unrest.

ERNEST. Yes; I see now what you mean. But, surely, the higher you place the creative artist, the lower must the critic rank.

GILBERT. Why so?

ERNEST. Because the best that he can give us will be but an echo of rich music, a dim shadow of clear-outlined form. It may, indeed, be that life is chaos, as you tell me that it is; that its martyrdoms are mean and its heroisms ignoble; and that it is the function of Literature to create, from the rough material of actual existence, a new world that will be more marvellous, more enduring, and more true than the world that common eyes look upon, and through which common natures seek to realise their perfection. But surely, if this new world has been made by the spirit and touch of a great artist, it will be a thing so complete and perfect that there will be nothing left for the critic to do. I quite understand now, and indeed admit most readily, that it is far more difficult to talk about a thing than to do it. But it seems to me that this sound and sensible maxim, which is really extremely soothing to one's feelings, and should be adopted as its motto by every Academy of Literature all over the world, applies only to the relations that exist between Art and Life, and not to any relations that there may be between Art and Criticism.

la epopeya, el drama o el romance, ven a través de los meses laboriosos las jóvenes lunas crecer y menguar, y observan la noche desde el atardecer hasta el lucero del alba, y desde el amanecer hasta el ocaso pueden notar el día cambiante con todo su oro y sombra. Para ellas, como para nosotros, las flores florecen y se marchitan, y la Tierra, esa diosa vestida de verde como la llama Coleridge, altera su vestimenta para su placer. La estatua se concentra en un momento de perfección. La imagen manchada sobre el lienzo no posee ningún elemento espiritual de crecimiento o cambio. Si no saben nada de la muerte, es porque saben poco de la vida, ya que los secretos de la vida y de la muerte pertenecen a aquellos, y sólo a aquellos, a quienes afecta la secuencia del tiempo, y que poseen no sólo el presente sino el futuro, y pueden elevarse o caer desde un pasado de gloria o de vergüenza. El movimiento, ese problema de las artes visibles, sólo puede ser verdaderamente realizado por la Literatura. Es la Literatura la que nos muestra el cuerpo en su rapidez y el alma en su inquietud.

ERNEST. Sí, ahora entiendo lo que quieres decir. Pero, sin duda, cuanto más alto sitúes al artista creador, más bajo debes situar al crítico.

GILBERT. ¿Por qué?

ERNEST. Porque lo mejor que pueda darnos no será más que el eco de una rica música, una tenue sombra de una forma bien delineada. Puede ser, en efecto, que la vida sea un caos, como tú me dices que es; que sus martirios sean mezquinos y sus heroísmos innobles; y que sea función de la Literatura crear, a partir del material en bruto de la existencia real, un mundo nuevo que sea más maravilloso, más duradero y más verdadero que el mundo que contemplan los ojos comunes y a través del cual las naturalezas comunes tratan de realizar su perfección. Pero seguramente, si este nuevo mundo ha sido hecho por el espíritu y el tacto de un gran artista, será una cosa tan completa y perfecta que no quedará nada por hacer para el crítico. Ahora entiendo perfectamente, y de hecho lo admito de buen grado, que es mucho más difícil hablar de una cosa que hacerla. Pero me parece que esta máxima sana y sensata, que es realmente sumamente tranquilizadora para los sentimientos, y que debería ser adoptada como lema por todas las Academias de Literatura del mundo, se aplica únicamente a las relaciones que existen entre el Arte y la Vida, y no a las relaciones que pueda haber entre el Arte y la Crítica.

GILBERT. But, surely, Criticism is itself an art. And just as artistic creation implies the working of the critical faculty, and, indeed, without it cannot be said to exist at all, so Criticism is really creative in the highest sense of the word. Criticism is, in fact, both creative and independent.

ERNEST. Independent?

GILBERT. Yes; independent. Criticism is no more to be judged by any low standard of imitation or resemblance than is the work of poet or sculptor. The critic occupies the same relation to the work of art that he criticises as the artist does to the visible world of form and colour, or the unseen world of passion and of thought. He does not even require for the perfection of his art the finest materials. Anything will serve his purpose. And just as out of the sordid and sentimental amours of the silly wife of a small country doctor in the squalid village of Yonville-l'Abbaye, near Rouen, Gustave Flaubert was able to create a classic, and make a masterpiece of style, so, from subjects of little or of no importance, such as the pictures in this year's Royal Academy, or in any year's Royal Academy for that matter, Mr. Lewis Morris's poems, M. Ohnet's novels, or the plays of Mr. Henry Arthur Jones, the true critic can, if it be his pleasure so to direct or waste his faculty of contemplation, produce work that will be flawless in beauty and instinct with intellectual subtlety. Why not? Dulness is always an irresistible temptation for brilliancy, and stupidity is the permanent *Bestia Trionfans* that calls wisdom from its cave. To an artist so creative as the critic, what does subject-matter signify? No more and no less than it does to the novelist and the painter. Like them, he can find his motives everywhere. Treatment is the test. There is nothing that has not in it suggestion or challenge.

ERNEST. But is Criticism really a creative art?

GILBERT. Why should it not be? It works with materials, and puts them into a form that is at once new and delightful. What more can one say of poetry? Indeed, I would call criticism a creation within a creation. For just as the great artists, from Homer and Aeschylus, down to Shakespeare and Keats, did not go directly to life for their subject-matter, but sought for it in myth, and legend, and ancient

GILBERT. Pero, sin duda, la Crítica es en sí misma un arte. Y del mismo modo que la creación artística implica el funcionamiento de la facultad crítica y, de hecho, sin ella no puede decirse que exista en absoluto, la Crítica es realmente creativa en el sentido más elevado de la palabra. El criticismo es, de hecho, a la vez creativo e independiente.

ERNEST. ¿Independiente?

GILBERT. Sí, independiente. La crítica no debe juzgarse por ningún rasero bajo de imitación o semejanza, como tampoco debe juzgarse la obra del poeta o del escultor. El crítico ocupa la misma relación con la obra de arte que critica que el artista con el mundo visible de la forma y el color, o el mundo invisible de la pasión y el pensamiento. Ni siquiera requiere para la perfección de su arte los materiales más finos. Cualquier cosa servirá a su propósito. Y del mismo modo que Gustave Flaubert fue capaz de crear un clásico y de hacer una obra maestra del estilo a partir de los amores sórdidos y sentimentales de la tonta esposa de un pequeño médico rural del mísero pueblo de Yonville-l'Abbaye, cerca de Rouen, así, a partir de temas de poca o ninguna importancia, como los cuadros de la Royal Academy de este año, o de la Royal Academy de cualquier año para el caso, los poemas de Mr. Lewis Morris, las novelas de M. Ohnet o las obras de teatro de Mr. Henry Arthur Jones, el verdadero crítico puede, si le place dirigir o derrochar así su facultad de contemplación, producir una obra que será impecable en belleza e instintiva en sutileza intelectual. ¿Por qué no? La dulzura es siempre una tentación irresistible para la brillantez, y la estupidez es la *Bestia Trionfans* permanente que llama a la sabiduría desde su cueva. Para un artista tan creativo como el crítico, ¿qué significa el tema? Ni más ni menos que lo que significa para el novelista y el pintor. Como ellos, puede encontrar sus motivos en todas partes. El tratamiento es la prueba. No hay nada que no tenga en sí sugerencia o desafío.

ERNEST. Pero, ¿es realmente la crítica un arte creativo?

GILBERT. ¿Por qué no habría de serlo? Trabaja con materiales y los pone en una forma que es a la vez nueva y deliciosa. ¿Qué más se puede decir de la poesía? De hecho, yo llamaría a la crítica una creación dentro de una creación. Porque al igual que los grandes artistas, desde Homero y Esquilo hasta Shakespeare y Keats, no fueron directamente a la vida en busca de su materia, sino que la buscaron en el mito, la leyen-

tale, so the critic deals with materials that others have, as it were, purified for him, and to which imaginative form and colour have been already added. Nay, more, I would say that the highest Criticism, being the purest form of personal impression, is in its way more creative than creation, as it has least reference to any standard external to itself, and is, in fact, its own reason for existing, and, as the Greeks would put it, in itself, and to itself, an end. Certainly, it is never trammelled by any shackles of verisimilitude. No ignoble considerations of probability, that cowardly concession to the tedious repetitions of domestic or public life, affect it ever. One may appeal from fiction unto fact. But from the soul there is no appeal.

ERNEST. From the soul?

GILBERT. Yes, from the soul. That is what the highest criticism really is, the record of one's own soul. It is more fascinating than history, as it is concerned simply with oneself. It is more delightful than philosophy, as its subject is concrete and not abstract, real and not vague. It is the only civilised form of autobiography, as it deals not with the events, but with the thoughts of one's life; not with life's physical accidents of deed or circumstance, but with the spiritual moods and imaginative passions of the mind. I am always amused by the silly vanity of those writers and artists of our day who seem to imagine that the primary function of the critic is to chatter about their second-rate work. The best that one can say of most modern creative art is that it is just a little less vulgar than reality, and so the critic, with his fine sense of distinction and sure instinct of delicate refinement, will prefer to look into the silver mirror or through the woven veil, and will turn his eyes away from the chaos and clamour of actual existence, though the mirror be tarnished and the veil be torn. His sole aim is to chronicle his own impressions. It is for him that pictures are painted, books written, and marble hewn into form.

ERNEST. I seem to have heard another theory of Criticism.

GILBERT. Yes: it has been said by one whose gracious memory we all revere, and the music of whose pipe once lured Proserpina from her Sicilian fields, and made those white feet stir, and not in vain, the Cumnor cowslips, that the proper aim of Criticism is to see the object

da y el cuento antiguo, así el crítico trata con materiales que otros, por así decirlo, han purificado para él, y a los que ya se ha añadido forma y color imaginativos. Es más, yo diría que la Crítica más elevada, al ser la forma más pura de impresión personal, es a su modo más creativa que la creación, ya que tiene menos referencia a una norma externa a ella misma, y es, de hecho, su propia razón de existir, y, como dirían los griegos, en sí misma, y para sí misma, un fin. Ciertamente, nunca está atada por ningún grillete de verosimilitud. Ninguna innoble consideración de probabilidad, esa cobarde concesión a las tediosas repeticiones de la vida doméstica o pública, la afectan jamás. Se puede apelar de la ficción a los hechos. Pero desde el alma no se apela.

ERNEST. ¿Desde el alma?

GILBERT. Sí, desde el alma. Eso es lo que realmente es la crítica más elevada, el registro de la propia alma. Es más fascinante que la historia, ya que se ocupa simplemente de uno mismo. Es más deliciosa que la filosofía, ya que su tema es concreto y no abstracto, real y no vago. Es la única forma civilizada de autobiografía, ya que no trata de los acontecimientos, sino de los pensamientos de la propia vida; no de los accidentes físicos de la vida, de hechos o circunstancias, sino de los estados de ánimo espirituales y las pasiones imaginativas de la mente. Siempre me divierte la tonta vanidad de aquellos escritores y artistas de nuestros días que parecen imaginar que la función primordial del crítico es parlotear sobre sus obras de segunda categoría. Lo mejor que se puede decir de la mayor parte del arte creativo moderno es que es sólo un poco menos vulgar que la realidad y por eso el crítico, con su fino sentido de la distinción y su seguro instinto de delicado refinamiento, preferirá mirarse en el espejo de plata o a través del velo tejido y apartará sus ojos del caos y el clamor de la existencia real, aunque el espejo esté empañado y el velo rasgado. Su único objetivo es hacer la crónica de sus propias impresiones. Para él se pintan cuadros, se escriben libros y se talla el mármol.

ERNEST. Me parece haber oído otra teoría sobre la crítica.

GILBERT. Sí, ha dicho alguien cuya graciosa memoria todos veneramos y la música de cuya pipa atrajo una vez a Proserpina de sus campos sicilianos e hizo que esos pies blancos agitaran, y no en vano, las prímulas de Cumnor, que el objetivo propio de la Crítica es ver el objeto como

as in itself it really is. But this is a very serious error, and takes no cognisance of Criticism's most perfect form, which is in its essence purely subjective, and seeks to reveal its own secret and not the secret of another. For the highest Criticism deals with art not as expressive but as impressive purely.

ERNEST. But is that really so?

GILBERT. Of course it is. Who cares whether Mr. Ruskin's views on Turner are sound or not? What does it matter? That mighty and majestic prose of his, so fervid and so fiery-coloured in its noble eloquence, so rich in its elaborate symphonic music, so sure and certain, at its best, in subtle choice of word and epithet, is at least as great a work of art as any of those wonderful sunsets that bleach or rot on their corrupted canvases in England's Gallery; greater indeed, one is apt to think at times, not merely because its equal beauty is more enduring, but on account of the fuller variety of its appeal, soul speaking to soul in those long-cadenced lines, not through form and colour alone, though through these, indeed, completely and without loss, but with intellectual and emotional utterance, with lofty passion and with loftier thought, with imaginative insight, and with poetic aim; greater, I always think, even as Literature is the greater art. Who, again, cares whether Mr. Pater has put into the portrait of Monna Lisa something that Lionardo never dreamed of? The painter may have been merely the slave of an archaic smile, as some have fancied, but whenever I pass into the cool galleries of the Palace of the Louvre, and stand before that strange figure 'set in its marble chair in that cirque of fantastic rocks, as in some faint light under sea,' I murmur to myself, 'She is older than the rocks among which she sits; like the vampire, she has been dead many times, and learned the secrets of the grave; and has been a diver in deep seas, and keeps their fallen day about her: and trafficked for strange webs with Eastern merchants; and, as Leda, was the mother of Helen of Troy, and, as St. Anne, the mother of Mary; and all this has been to her but as the sound of lyres and flutes, and lives only in the delicacy with which it has moulded the changing lineaments, and tinged the eyelids and the hands.' And I say to my friend, 'The presence that thus so strangely rose beside the waters is expressive of what in the ways of a thousand years man had come to desire'; and he answers me, 'Hers is the head upon which all "the ends of the world are come," and the eyelids are a little weary.'

en sí mismo es realmente. Pero esto es un error muy grave y no tiene en cuenta la forma más perfecta de la Crítica, que es en su esencia puramente subjetiva y busca revelar su propio secreto y no el secreto de otro. Pues la Crítica más elevada se ocupa del arte no como algo expresivo, sino como, puramente, fuente de impresiones.

ERNEST. ¿Pero es realmente así?

GILBERT. Por supuesto que sí. ¿A quién le importa si las opiniones de Mr. Ruskin sobre Turner son acertadas o no? ¿Qué importa? Esa poderosa y majestuosa prosa suya, tan férvida y tan ardiente en su noble elocuencia, tan rica en su elaborada música sinfónica, tan segura y certera, en su mejor momento, en la sutil elección de la palabra y el epíteto, es al menos una obra de arte tan grande como cualquiera de esas maravillosas puestas de sol que se blanquean o se pudren en sus corruptos lienzos de la Galería de Inglaterra; de hecho, a veces uno se siente inclinado a pensar que es mayor, no sólo porque su belleza sea más duradera, sino por la mayor variedad de su atractivo, porque el alma habla al alma en esas largas líneas cadenciosas, no sólo a través de la forma y el color, aunque a través de ellos, por supuesto, completamente y sin pérdida, sino con la expresión intelectual y emocional, con la pasión elevada y con el pensamiento más elevado, con la perspicacia imaginativa y con el objetivo poético; mayor, siempre pienso, incluso porque la literatura es el arte mayor. Por otra parte, ¿a quién le importa si Mr. Pater ha puesto en el retrato de Monna Lisa algo que Leonardo nunca soñó? Puede que el pintor no haya sido más que el esclavo de una sonrisa arcaica, como algunos han fantaseado, pero cada vez que paseo por las frías galerías del palacio del Louvre, y me paro ante esa extraña figura «instalada en su silla de mármol en ese circo de rocas fantásticas, como en una tenue luz bajo el mar», murmuro para mis adentros: «Ella es más vieja que las rocas entre las que está sentada; como el vampiro, ha estado muerta muchas veces, y ha aprendido los secretos de la tumba; y ha buceado en mares profundos, y guarda su día caído sobre ella: y traficó por extrañas telarañas con mercaderes orientales; y, como Leda, fue la madre de Helena de Troya, y, como Santa Ana, la madre de María; y todo esto no ha sido para ella más que el sonido de liras y flautas, y sólo vive en la delicadeza con que ha moldeado los cambiantes lineamientos, y teñido los párpados y las manos». Y le digo a mi amigo: «La presencia que así tan extrañamente se alzó junto a las aguas es expresiva de lo que en los caminos de mil años el hombre había llegado a desear»; y él me respon-

And so the picture becomes more wonderful to us than it really is, and reveals to us a secret of which, in truth, it knows nothing, and the music of the mystical prose is as sweet in our ears as was that flute-player's music that lent to the lips of *La Gioconda* those subtle and poisonous curves. Do you ask me what Lionardo would have said had any one told him of this picture that 'all the thoughts and experience of the world had etched and moulded therein that which they had of power to refine and make expressive the outward form, the animalism of Greece, the lust of Rome, the reverie of the Middle Age with its spiritual ambition and imaginative loves, the return of the Pagan world, the sins of the Borgias?' He would probably have answered that he had contemplated none of these things, but had concerned himself simply with certain arrangements of lines and masses, and with new and curious colour-harmonies of blue and green. And it is for this very reason that the criticism which I have quoted is criticism of the highest kind. It treats the work of art simply as a starting-point for a new creation. It does not confine itself—let us at least suppose so for the moment—to discovering the real intention of the artist and accepting that as final. And in this it is right, for the meaning of any beautiful created thing is, at least, as much in the soul of him who looks at it, as it was in his soul who wrought it. Nay, it is rather the beholder who lends to the beautiful thing its myriad meanings, and makes it marvellous for us, and sets it in some new relation to the age, so that it becomes a vital portion of our lives, and a symbol of what we pray for, or perhaps of what, having prayed for, we fear that we may receive. The longer I study, Ernest, the more clearly I see that the beauty of the visible arts is, as the beauty of music, impressive primarily, and that it may be marred, and indeed often is so, by any excess of intellectual intention on the part of the artist. For when the work is finished it has, as it were, an independent life of its own, and may deliver a message far other than that which was put into its lips to say. Sometimes, when I listen to the overture to *Tannhäuser*, I seem indeed to see that comely knight treading delicately on the flower-strewn grass, and to hear the voice of Venus calling to him from the caverned hill. But at other times it speaks to me of a thousand different things, of myself, it may be, and my own life, or of the lives of others whom one has loved and grown weary of loving, or of the

de: «La suya es la cabeza sobre la que han venido todos "los confines del mundo", y los párpados están un poco cansados».

Y así el cuadro se nos vuelve más maravilloso de lo que realmente es, y nos revela un secreto del que, en verdad, no sabe nada, y la música de la prosa mística es tan dulce a nuestros oídos como lo fue aquella música de flautista que prestó a los labios de *La Gioconda* esas curvas sutiles y venenosas. ¿Me preguntan qué habría dicho Leonardo si alguien le hubiera dicho de este cuadro que «todos los pensamientos y la experiencia del mundo habían grabado y moldeado en él lo que tenían de poder para refinar y hacer expresiva la forma exterior, el animalismo de Grecia, la lujuria de Roma, el ensueño de la Edad Media con su ambición espiritual y sus amores imaginativos, el retorno del mundo pagano, los pecados de los Borgia»? Probablemente habría respondido que no había contemplado ninguna de estas cosas, sino que se había preocupado simplemente de ciertas disposiciones de líneas y masas, y de nuevas y curiosas armonías cromáticas de azul y verde. Y es por esta misma razón por la que la crítica que he citado es una crítica del tipo más elevado. Trata la obra de arte simplemente como un punto de partida para una nueva creación. No se limita —supongámoslo, al menos por el momento— a descubrir la verdadera intención del artista y aceptarla como definitiva. Y en esto tiene razón, pues el significado de cualquier cosa bella creada está, al menos, tanto en el alma de quien la mira como en la de quien la forjó. Es más, es sobre todo el observador quien confiere a la cosa bella sus innumerables significados y la hace maravillosa para nosotros y la sitúa en alguna nueva relación con la época, de modo que se convierte en una parte vital de nuestras vidas y en un símbolo de aquello por lo que rezamos, o tal vez de aquello que, habiendo rezado, tememos recibir. Cuanto más tiempo estudio, Ernest, más claramente veo que la belleza de las artes visibles es, como la belleza de la música, principalmente impresionante, y que puede verse empañada, y de hecho a menudo es así, por cualquier exceso de intención intelectual por parte del artista. Porque cuando la obra está terminada tiene, por así decirlo, una vida propia independiente, y puede transmitir un mensaje muy distinto del que se puso en sus labios para que dijera. A veces, cuando escucho la obertura de *Tannhäuser*, me parece en efecto ver a ese apuesto caballero pisando delicadamente la hierba sembrada de flores, y oír la voz de Venus llamándole desde la colina cavernosa. Pero otras veces me habla de mil cosas diferentes, de mí mismo, puede ser, y de mi propia vida, o de las vidas de otros a los que uno ha amado y se

passions that man has known, or of the passions that man has not known, and so has sought for. To-night it may fill one with that ΕΡΩΣ ΤΩΝ ΑΔΥΝΑΤΩΝ, that *Amour de l'Impossible*, which falls like a madness on many who think they live securely and out of reach of harm, so that they sicken suddenly with the poison of unlimited desire, and, in the infinite pursuit of what they may not obtain, grow faint and swoon or stumble. To-morrow, like the music of which Aristotle and Plato tell us, the noble Dorian music of the Greek, it may perform the office of a physician, and give us an anodyne against pain, and heal the spirit that is wounded, and 'bring the soul into harmony with all right things.' And what is true about music is true about all the arts. Beauty has as many meanings as man has moods. Beauty is the symbol of symbols. Beauty reveals everything, because it expresses nothing. When it shows us itself, it shows us the whole fiery-coloured world.

ERNEST. But is such work as you have talked about really criticism?

GILBERT. It is the highest Criticism, for it criticises not merely the individual work of art, but Beauty itself, and fills with wonder a form which the artist may have left void, or not understood, or understood incompletely.

ERNEST. The highest Criticism, then, is more creative than creation, and the primary aim of the critic is to see the object as in itself it really is not; that is your theory, I believe?

GILBERT. Yes, that is my theory. To the critic the work of art is simply a suggestion for a new work of his own, that need not necessarily bear any obvious resemblance to the thing it criticises. The one characteristic of a beautiful form is that one can put into it whatever one wishes, and see in it whatever one chooses to see; and the Beauty, that gives to creation its universal and aesthetic element, makes the critic a creator in his turn, and whispers of a thousand different things which were not present in the mind of him who carved the statue or painted the panel or graved the gem.

It is sometimes said by those who understand neither the nature of

ha cansado de amar, o de las pasiones que el hombre ha conocido, o de las pasiones que el hombre no ha conocido, y por eso las ha buscado. Esta noche puede que le llene a uno con ese ΕΡΩΣ ΤΩΝ ΑΔΥΝΑΤΩΝ, ese *Amour de l'Impossible*, que cae como una locura sobre muchos que creen vivir seguros y fuera del alcance del mal, de modo que enferman repentinamente con el veneno del deseo ilimitado y, en la búsqueda infinita de lo que no pueden obtener, desfallecen y se desmayan o tropiezan. Mañana, como la música de la que nos hablan Aristóteles y Platón, la noble música dórica de los griegos, puede desempeñar el oficio de un médico, y darnos un analgésico contra el dolor, y curar el espíritu que está herido, y «poner el alma en armonía con todas las cosas correctas». Y lo que es cierto sobre la música lo es sobre todas las artes. La belleza tiene tantos significados como estados de ánimo tiene el hombre. La belleza es el símbolo de los símbolos. La belleza lo revela todo, porque no expresa nada. Cuando se nos muestra a sí misma, nos muestra todo el mundo de color ardiente.

ERNEST. Pero, ¿un trabajo como el que has comentado es realmente una crítica?

GILBERT. Es la Crítica más elevada, porque critica no sólo la obra de arte individual, sino la Belleza misma, y llena de asombro una forma que el artista puede haber dejado vacía, o no haber comprendido, o haber comprendido de forma incompleta.

ERNEST. La Crítica más elevada, entonces, es más creativa que la creación y el objetivo primordial del crítico es ver el objeto como en sí mismo realmente no es; ¿esa es tu teoría, creo?

GILBERT. Sí, esa es mi teoría. Para el crítico, la obra de arte es simplemente una sugerencia para una nueva obra propia, que no tiene por qué guardar ningún parecido evidente con aquello que critica. La única característica de una forma bella es que uno puede poner en ella lo que desee, y ver en ella lo que decida ver; y la Belleza, que da a la creación su elemento universal y estético, convierte al crítico en un creador a su vez, y susurra mil cosas diferentes que no estaban presentes en la mente de quien esculpió la estatua o pintó el panel o grabó la gema.

A veces se dice, por quienes no comprenden ni la naturaleza de la Crí-

the highest Criticism nor the charm of the highest Art, that the pictures that the critic loves most to write about are those that belong to the anecdotage of painting, and that deal with scenes taken out of literature or history. But this is not so. Indeed, pictures of this kind are far too intelligible. As a class, they rank with illustrations, and, even considered from this point of view are failures, as they do not stir the imagination, but set definite bounds to it. For the domain of the painter is, as I suggested before, widely different from that of the poet. To the latter belongs life in its full and absolute entirety; not merely the beauty that men look at, but the beauty that men listen to also; not merely the momentary grace of form or the transient gladness of colour, but the whole sphere of feeling, the perfect cycle of thought. The painter is so far limited that it is only through the mask of the body that he can show us the mystery of the soul; only through conventional images that he can handle ideas; only through its physical equivalents that he can deal with psychology. And how inadequately does he do it then, asking us to accept the torn turban of the Moor for the noble rage of Othello, or a dotard in a storm for the wild madness of Lear! Yet it seems as if nothing could stop him. Most of our elderly English painters spend their wicked and wasted lives in poaching upon the domain of the poets, marring their motives by clumsy treatment, and striving to render, by visible form or colour, the marvel of what is invisible, the splendour of what is not seen. Their pictures are, as a natural consequence, insufferably tedious. They have degraded the invisible arts into the obvious arts, and the one thing not worth looking at is the obvious. I do not say that poet and painter may not treat of the same subject. They have always done so and will always do so. But while the poet can be pictorial or not, as he chooses, the painter must be pictorial always. For a painter is limited, not to what he sees in nature, but to what upon canvas may be seen.

And so, my dear Ernest, pictures of this kind will not really fascinate the critic. He will turn from them to such works as make him brood and dream and fancy, to works that possess the subtle quality of suggestion, and seem to tell one that even from them there is an escape into a wider world. It is sometimes said that the tragedy of an artist's life is that he cannot realise his ideal. But the true tragedy that dogs the steps of most artists is that they realise their ideal too absolutely. For, when the ideal is realised, it is robbed of its wonder and its

tica más elevada ni el encanto del Arte más elevado, que los cuadros sobre los que más le gusta escribir al crítico son aquellos que pertenecen al anecdotario de la pintura, y que tratan de escenas sacadas de la literatura o de la historia. Pero esto no es así. De hecho, los cuadros de este tipo son demasiado inteligibles. Como clase, están a la altura de las ilustraciones, e incluso considerados desde este punto de vista son un fracaso, ya que no agitan la imaginación, sino que le ponen límites definidos. Pues el dominio del pintor es, como he sugerido antes, muy diferente del del poeta. A este último le pertenece la vida en su totalidad plena y absoluta; no sólo la belleza que los hombres miran, sino también la belleza que los hombres escuchan; no sólo la gracia momentánea de la forma o la alegría pasajera del color, sino toda la esfera del sentimiento, el ciclo perfecto del pensamiento. El pintor está tan limitado que sólo a través de la máscara del cuerpo puede mostrarnos el misterio del alma; sólo a través de las imágenes convencionales puede manejar las ideas; sólo a través de sus equivalentes físicos puede tratar la psicología. Y ¡cuán inadecuadamente lo hace entonces, pidiéndonos que aceptemos el turbante rasgado del moro por la noble furia de Otelo, o a un dotardo en una tormenta por la salvaje locura de Lear! Sin embargo, parece como si nada pudiera detenerle. La mayoría de nuestros ancianos pintores ingleses gastan sus malvadas y malgastadas vidas en hurgar en el dominio de los poetas, estropeando sus motivos con un tratamiento torpe, y esforzándose por representar, mediante la forma o el color visibles, la maravilla de lo invisible, el esplendor de lo que no se ve. Sus cuadros son, como consecuencia natural, insufriblemente tediosos. Han degradado las artes invisibles en artes obvias, y lo único que no merece la pena mirar es lo obvio. No digo que el poeta y el pintor no puedan tratar el mismo tema. Siempre lo han hecho y siempre lo harán. Pero mientras que el poeta puede ser pictórico o no, según elija, el pintor debe serlo siempre. Porque un pintor está limitado, no a lo que ve en la naturaleza, sino a lo que sobre el lienzo puede verse.

Y así, mi querido Ernest, los cuadros de este tipo no fascinarán realmente al crítico. Se desviará de ellos hacia obras que le hagan cavilar, soñar y fantasear, hacia obras que posean la sutil cualidad de la sugestión y parezcan decirle a uno que incluso desde ellas hay una escapatoria hacia un mundo más amplio. A veces se dice que la tragedia de la vida de un artista es no poder realizar su ideal. Pero la verdadera tragedia que persigue los pasos de la mayoría de los artistas es que realizan su ideal de forma demasiado absoluta. Porque, cuando el ideal se realiza,

mystery, and becomes simply a new starting-point for an ideal that is other than itself. This is the reason why music is the perfect type of art. Music can never reveal its ultimate secret. This, also, is the explanation of the value of limitations in art. The sculptor gladly surrenders imitative colour, and the painter the actual dimensions of form, because by such renunciations they are able to avoid too definite a presentation of the Real, which would be mere imitation, and too definite a realisation of the Ideal, which would be too purely intellectual. It is through its very incompleteness that art becomes complete in beauty, and so addresses itself, not to the faculty of recognition nor to the faculty of reason, but to the aesthetic sense alone, which, while accepting both reason and recognition as stages of apprehension, subordinates them both to a pure synthetic impression of the work of art as a whole, and, taking whatever alien emotional elements the work may possess, uses their very complexity as a means by which a richer unity may be added to the ultimate impression itself. You see, then, how it is that the aesthetic critic rejects these obvious modes of art that have but one message to deliver, and having delivered it become dumb and sterile, and seeks rather for such modes as suggest reverie and mood, and by their imaginative beauty make all interpretations true, and no interpretation final. Some resemblance, no doubt, the creative work of the critic will have to the work that has stirred him to creation, but it will be such resemblance as exists, not between Nature and the mirror that the painter of landscape or figure may be supposed to hold up to her, but between Nature and the work of the decorative artist. Just as on the flowerless carpets of Persia, tulip and rose blossom indeed and are lovely to look on, though they are not reproduced in visible shape or line; just as the pearl and purple of the sea-shell is echoed in the church of St. Mark at Venice; just as the vaulted ceiling of the wondrous chapel at Ravenna is made gorgeous by the gold and green and sapphire of the peacock's tail, though the birds of Juno fly not across it; so the critic reproduces the work that he criticises in a mode that is never imitative, and part of whose charm may really consist in the rejection of resemblance, and shows us in this way not merely the meaning but also the mystery of Beauty, and, by transforming each art into literature, solves once for all the problem of Art's unity.

queda despojado de su maravilla y su misterio, y se convierte simplemente en un nuevo punto de partida para un ideal que es distinto de sí mismo. Esta es la razón por la que la música es el tipo de arte perfecto. La música nunca puede revelar su secreto último. Esta es también la explicación del valor de las limitaciones en el arte. El escultor renuncia gustosamente al color imitativo, y el pintor a las dimensiones reales de la forma, porque con tales renuncias pueden evitar una presentación demasiado definida de lo Real, que sería mera imitación, y una realización demasiado definida del Ideal, que sería demasiado puramente intelectual. Es a través de su propia incompletud que el arte se completa en la belleza, y así se dirige, no a la facultad de reconocimiento ni a la facultad de la razón, sino únicamente al sentido estético, que, si bien acepta tanto la razón como el reconocimiento como etapas de la aprehensión, subordina ambas a una impresión sintética pura de la obra de arte en su conjunto y, tomando los elementos emocionales ajenos que pueda poseer la obra, utiliza su propia complejidad como medio por el cual puede añadirse una unidad más rica a la propia impresión última. Ya ves, pues, cómo el crítico estético rechaza estos modos obvios del arte que no tienen más que un mensaje que entregar, y que una vez entregado se vuelven mudos y estériles, y busca más bien modos que sugieran ensueño y estado de ánimo, y que por su belleza imaginativa hagan que todas las interpretaciones sean verdaderas, y que ninguna interpretación sea definitiva. Alguna semejanza, sin duda, tendrá la obra creativa del crítico con la obra que le ha impulsado a la creación, pero será tal semejanza como la que existe, no entre la Naturaleza y el espejo que el pintor de paisajes o de figuras puede suponer que le tiende, sino entre la Naturaleza y la obra del artista decorativo. Del mismo modo que en las alfombras sin flores de Persia, el tulipán y la rosa florecen de verdad y son encantadores a la vista, aunque no se reproduzcan en forma o línea visibles; del mismo modo que la perla y la púrpura de la concha marina tienen eco en la iglesia de San Marcos en Venecia; al igual que el techo abovedado de la maravillosa capilla de Rávena se hace magnífico por el oro y el verde y el zafiro de la cola del pavo real, aunque los pájaros de Juno no vuelen por él; así el crítico reproduce la obra que critica de un modo que nunca es imitativo, y parte de cuyo encanto puede consistir realmente en el rechazo del parecido, y nos muestra de este modo no sólo el significado sino también el misterio de la Belleza y, al transformar cada arte en literatura, resuelve de una vez por todas el problema de la unidad del Arte.

But I see it is time for supper. After we have discussed some Chambertin and a few ortolans, we will pass on to the question of the critic considered in the light of the interpreter.

ERNEST. Ah! you admit, then, that the critic may occasionally be allowed to see the object as in itself it really is.

GILBERT. I am not quite sure. Perhaps I may admit it after supper. There is a subtle influence in supper.

Pero veo que es hora de cenar. Después de haber discutido un poco bebiendo un Chambertin y comiendo unos cuantos ortolanos, pasaremos a la cuestión del crítico considerado a la luz del intérprete.

ERNEST. ¡Ah! Admites, entonces, que al crítico se le puede permitir ocasionalmente ver el objeto como en sí mismo es realmente.

GILBERT. No estoy muy seguro. Quizá lo admita después de la cena. Hay una sutil influencia en la cena.

PART II

ERNEST. The ortolans were delightful, and the Chambertin perfect, and now let us return to the point at issue.

GILBERT. Ah! don't let us do that. Conversation should touch everything, but should concentrate itself on nothing. Let us talk about *Moral Indignation, its Cause and Cure*, a subject on which I think of writing: or about *The Survival of Thersites,* as shown by the English comic papers; or about any topic that may turn up.

ERNEST. No; I want to discuss the critic and criticism. You have told me that the highest criticism deals with art, not as expressive, but as impressive purely, and is consequently both creative and independent, is in fact an art by itself, occupying the same relation to creative work that creative work does to the visible world of form and colour, or the unseen world of passion and of thought. Well, now, tell me, will not the critic be sometimes a real interpreter?

GILBERT. Yes; the critic will be an interpreter, if he chooses. He can pass from his synthetic impression of the work of art as a whole, to an analysis or exposition of the work itself, and in this lower sphere, as I hold it to be, there are many delightful things to be said and done. Yet his object will not always be to explain the work of art. He may seek rather to deepen its mystery, to raise round it, and round its maker, that mist of wonder which is dear to both gods and worshippers alike. Ordinary people are 'terribly at ease in Zion.' They propose to walk arm in arm with the poets, and have a glib ignorant way of saying, 'Why should we read what is written about Shakespeare and Milton? We can read the plays and the poems. That is enough.' But an appreciation of Milton is, as the late Rector of Lincoln remarked once, the reward of consummate scholarship. And he who desires to understand Shakespeare truly must understand the relations in which Shakespeare stood to the Renaissance and the Reformation, to the age of Elizabeth and the age of James; he must be familiar with the history of the struggle for supremacy between the old classical forms and the new spirit of romance, between the school of Sidney, and Daniel, and Johnson, and the school of Marlowe and Marlowe's greater son; he must know the materials that were at Shakespeare's disposal, and

PARTE II

ERNEST. Los ortolanos fueron deliciosos y el Chambertin perfecto, y ahora volvamos al punto en cuestión.

GILBERT. ¡Ah! No hagamos eso. La conversación debe tocarlo todo pero no debe concentrarse en nada. Hablemos de la *Indignación moral, su causa y su cura,* un tema sobre el que pienso escribir, o sobre *La supervivencia de Tersites,* como la muestran los periódicos cómicos ingleses, o sobre cualquier tema que pueda surgir.

ERNEST. No, quiero hablar del crítico y de la crítica. Tú me has dicho que la crítica más elevada se ocupa del arte, no como algo expresivo, sino como algo puramente impresionante, y que en consecuencia es a la vez creativa e independiente, es de hecho un arte por sí misma, que ocupa la misma relación con el trabajo creativo que el trabajo creativo con el mundo visible de la forma y el color, o el mundo invisible de la pasión y del pensamiento. Ahora, dime, ¿no será a veces el crítico un verdadero intérprete?

GILBERT. Sí, el crítico será un intérprete, si así lo desea. Puede pasar de su impresión sintética de la obra de arte en su conjunto a un análisis o exposición de la obra en sí, y en esta esfera inferior, como yo la considero, se pueden decir y hacer muchas cosas deliciosas. Sin embargo, su objetivo no siempre será explicar la obra de arte. Puede que busque más bien profundizar en su misterio, levantar en torno a ella, y en torno a su creador, esa niebla de asombro que tanto gusta a los dioses como a los adoradores. La gente corriente está «terriblemente a gusto en Sión». Se proponen caminar del brazo con los poetas y tienen una manera ignorante y simplona de decir: «¿Por qué deberíamos leer lo que se escribe sobre Shakespeare y Milton? Podemos leer las obras de teatro y los poemas. Con eso basta». Pero la apreciación de Milton es, como comentó una vez el difunto rector de Lincoln, la recompensa de una erudición consumada. Y aquel que desee comprender verdaderamente a Shakespeare debe entender las relaciones en las que se encontraba Shakespeare con el Renacimiento y la Reforma, con la época de Isabel y la época de Jacobo; debe estar familiarizado con la historia de la lucha por la supremacía entre las viejas formas clásicas y el nuevo espíritu del romance, entre la escuela de Sidney, y Daniel, y Johnson, y la escuela de Marlowe y el hijo mayor de Marlowe; debe conocer los materiales que

the method in which he used them, and the conditions of theatric presentation in the sixteenth and seventeenth century, their limitations and their opportunities for freedom, and the literary criticism of Shakespeare's day, its aims and modes and canons; he must study the English language in its progress, and blank or rhymed verse in its various developments; he must study the Greek drama, and the connection between the art of the creator of the Agamemnon and the art of the creator of Macbeth; in a word, he must be able to bind Elizabethan London to the Athens of Pericles, and to learn Shakespeare's true position in the history of European drama and the drama of the world. The critic will certainly be an interpreter, but he will not treat Art as a riddling Sphinx, whose shallow secret may be guessed and revealed by one whose feet are wounded and who knows not his name. Rather, he will look upon Art as a goddess whose mystery it is his province to intensify, and whose majesty his privilege to make more marvellous in the eyes of men.

And here, Ernest, this strange thing happens. The critic will indeed be an interpreter, but he will not be an interpreter in the sense of one who simply repeats in another form a message that has been put into his lips to say. For, just as it is only by contact with the art of foreign nations that the art of a country gains that individual and separate life that we call nationality, so, by curious inversion, it is only by intensifying his own personality that the critic can interpret the personality and work of others, and the more strongly this personality enters into the interpretation the more real the interpretation becomes, the more satisfying, the more convincing, and the more true.

ERNEST. I would have said that personality would have been a disturbing element.

GILBERT. No; it is an element of revelation. If you wish to understand others you must intensify your own individualism.

ERNEST. What, then, is the result?

GILBERT. I will tell you, and perhaps I can tell you best by definite example. It seems to me that, while the literary critic stands of course first, as having the wider range, and larger vision, and nobler material, each of the arts has a critic, as it were, assigned to it. The actor

estaban a disposición de Shakespeare, y el método con que los utilizó, y las condiciones de la representación teatral en los siglos XVI y XVII, sus limitaciones y sus oportunidades de libertad, y la crítica literaria de la época de Shakespeare, sus objetivos, modos y cánones; debe estudiar la lengua inglesa en su progreso, y el verso blanco o rimado en sus diversos desarrollos; debe estudiar el drama griego, y la conexión entre el arte del creador del Agamenón y el arte del creador de Macbeth; en una palabra, debe ser capaz de vincular el Londres isabelino con la Atenas de Pericles, y de conocer la verdadera posición de Shakespeare en la historia del drama europeo y del drama del mundo. El crítico será sin duda un intérprete, pero no tratará al Arte como a una Esfinge enigmática, cuyo secreto poco profundo puede ser adivinado y revelado por alguien con los pies heridos y que no conoce su nombre. Más bien, mirará al Arte como a una diosa cuyo misterio le corresponde intensificar y cuya majestuosidad tiene el privilegio de hacer más maravillosa a los ojos de los hombres.

Y aquí, Ernest, ocurre algo extraño. El crítico será, en efecto, un intérprete, pero no será un intérprete en el sentido de alguien que se limita a repetir de otra forma un mensaje que ha sido puesto en sus labios para que lo diga. Porque, al igual que sólo por el contacto con el arte de naciones extranjeras el arte de un país adquiere esa vida individual y separada que llamamos nacionalidad, así, por curiosa inversión, sólo intensificando su propia personalidad puede el crítico interpretar la personalidad y la obra de otros, y cuanto más fuertemente entra esta personalidad en la interpretación, más real se vuelve la interpretación, más satisfactoria, más convincente y más verdadera.

ERNEST. Yo habría dicho que la personalidad habría sido un elemento perturbador.

GILBERT. No, es un elemento de revelación. Si deseas comprender a los demás debes intensificar tu propio individualismo.

ERNEST. ¿Cuál es, entonces, el resultado?

GILBERT. Te lo diré, y quizá pueda decírtelo mejor con un ejemplo concreto. Me parece que, aunque el crítico literario está por supuesto en primer lugar, por tener el alcance más amplio, y la visión más grande, y el material más noble, cada una de las artes tiene un crítico, por así

is a critic of the drama. He shows the poet's work under new conditions, and by a method special to himself. He takes the written word, and action, gesture and voice become the media of revelation. The singer or the player on lute and viol is the critic of music. The etcher of a picture robs the painting of its fair colours, but shows us by the use of a new material its true colour-quality, its tones and values, and the relations of its masses, and so is, in his way, a critic of it, for the critic is he who exhibits to us a work of art in a form different from that of the work itself, and the employment of a new material is a critical as well as a creative element. Sculpture, too, has its critic, who may be either the carver of a gem, as he was in Greek days, or some painter like Mantegna, who sought to reproduce on canvas the beauty of plastic line and the symphonic dignity of processional bas-relief. And in the case of all these creative critics of art it is evident that personality is an absolute essential for any real interpretation. When Rubinstein plays to us the *Sonata Appassionata* of Beethoven, he gives us not merely Beethoven, but also himself, and so gives us Beethoven absolutely—Beethoven re-interpreted through a rich artistic nature, and made vivid and wonderful to us by a new and intense personality. When a great actor plays Shakespeare we have the same experience. His own individuality becomes a vital part of the interpretation. People sometimes say that actors give us their own Hamlets, and not Shakespeare's; and this fallacy—for it is a fallacy—is, I regret to say, repeated by that charming and graceful writer who has lately deserted the turmoil of literature for the peace of the House of Commons, I mean the author of *Obiter Dicta*. In point of fact, there is no such thing as Shakespeare's Hamlet. If Hamlet has something of the definiteness of a work of art, he has also all the obscurity that belongs to life. There are as many Hamlets as there are melancholies.

ERNEST. As many Hamlets as there are melancholies?

GILBERT. Yes: and as art springs from personality, so it is only to personality that it can be revealed, and from the meeting of the two comes right interpretative criticism.

ERNEST. The critic, then, considered as the interpreter, will give no less than he receives, and lend as much as he borrows?

decirlo, asignado. El actor es un crítico del drama. Muestra la obra del poeta bajo nuevas condiciones, y mediante un método especial para él. Toma la palabra escrita, y la acción, el gesto y la voz se convierten en los medios de revelación. El cantante o el intérprete de laúd y viola es el crítico de la música. El grabador de un cuadro despoja a la pintura de sus bellos colores, pero nos muestra mediante el uso de un nuevo material su verdadera calidad cromática, sus tonos y valores, y las relaciones de sus masas, y así es, a su manera, un crítico de la misma, ya que el crítico es aquel que nos exhibe una obra de arte en una forma diferente a la de la propia obra, y el empleo de un nuevo material es un elemento crítico a la vez que creativo. También la escultura tiene su crítico, que puede ser el tallador de una gema, como lo fue en la época griega, o algún pintor como Mantegna, que trató de reproducir en el lienzo la belleza de la línea plástica y la dignidad sinfónica del bajorrelieve procesional. Y en el caso de todos estos críticos creativos del arte es evidente que la personalidad es absolutamente esencial para cualquier interpretación real. Cuando Rubinstein nos interpreta la *Sonata Appassionata* de Beethoven, nos da no sólo a Beethoven, sino también a sí mismo, y así nos da a Beethoven absolutamente: Beethoven reinterpretado a través de una rica naturaleza artística, y hecho vívido y maravilloso para nosotros por una personalidad nueva e intensa. Cuando un gran actor interpreta a Shakespeare tenemos la misma experiencia. Su propia individualidad se convierte en una parte vital de la interpretación. La gente dice a veces que los actores nos dan sus propios Hamlets, y no el de Shakespeare; y esta falacia —porque es una falacia— es, lamento decirlo, repetida por ese encantador y agraciado escritor que últimamente ha desertado de la agitación de la literatura por la paz de la Cámara de los Comunes, me refiero al autor de *Obiter Dicta*. De hecho, no existe el Hamlet de Shakespeare. Si Hamlet tiene algo de la definición de una obra de arte, tiene también toda la oscuridad que pertenece a la vida. Hay tantos Hamlets como melancolías.

ERNEST. ¿Tantos Hamlets como melancolías?

GILBERT. Sí, y así como el arte surge de la personalidad, sólo a ella puede revelarse, y del encuentro de ambas surge la crítica interpretativa correcta.

ERNEST. Entonces, ¿el crítico, considerado como intérprete, no dará menos de lo que recibe y prestará tanto como pida prestado?

GILBERT. He will be always showing us the work of art in some new relation to our age. He will always be reminding us that great works of art are living things—are, in fact, the only things that live. So much, indeed, will he feel this, that I am certain that, as civilisation progresses and we become more highly organised, the elect spirits of each age, the critical and cultured spirits, will grow less and less interested in actual life, and *will seek to gain their impressions almost entirely from what art has touched.* For life is terribly deficient in form. Its catastrophes happen in the wrong way and to the wrong people. There is a grotesque horror about its comedies, and its tragedies seem to culminate in farce. One is always wounded when one approaches it. Things last either too long, or not long enough.

ERNEST. Poor life! Poor human life! Are you not even touched by the tears that the Roman poet tells us are part of its essence.

GILBERT. Too quickly touched by them, I fear. For when one looks back upon the life that was so vivid in its emotional intensity, and filled with such fervent moments of ecstasy or of joy, it all seems to be a dream and an illusion. What are the unreal things, but the passions that once burned one like fire? What are the incredible things, but the things that one has faithfully believed? What are the improbable things? The things that one has done oneself. No, Ernest; life cheats us with shadows, like a puppet-master. We ask it for pleasure. It gives it to us, with bitterness and disappointment in its train. We come across some noble grief that we think will lend the purple dignity of tragedy to our days, but it passes away from us, and things less noble take its place, and on some grey windy dawn, or odorous eve of silence and of silver, we find ourselves looking with callous wonder, or dull heart of stone, at the tress of gold-flecked hair that we had once so wildly worshipped and so madly kissed.

ERNEST. Life then is a failure?

GILBERT. From the artistic point of view, certainly. And the chief thing that makes life a failure from this artistic point of view is the thing that lends to life its sordid security, the fact that one can never repeat exactly the same emotion. How different it is in the world of

GILBERT. Siempre estará mostrándonos la obra de arte en alguna nueva relación con nuestra época. Siempre nos estará recordando que las grandes obras de arte son cosas vivas; son, de hecho, las únicas cosas que viven. Tanto sentirá esto, de hecho, que estoy seguro de que, a medida que la civilización progrese y nos organicemos más, los espíritus elegidos de cada época, los espíritus críticos y cultos, se interesarán cada vez menos por la vida real y *buscarán obtener sus impresiones casi en su totalidad a partir de lo que el arte ha tocado*. Porque la vida es terriblemente deficiente en la forma. Sus catástrofes ocurren de la manera equivocada y a las personas equivocadas. Hay un horror grotesco en sus comedias, y sus tragedias parecen culminar en farsa. Uno siempre se siente herido cuando se acerca a ella. Las cosas duran demasiado o no lo suficiente.

ERNEST. ¡Pobre vida! ¡Pobre vida humana! Ni siquiera te conmueven las lágrimas que el poeta romano nos dice que forman parte de su esencia.

GILBERT. Demasiado rápidamente tocada por ellas, me temo. Porque cuando uno mira hacia atrás y ve la vida que fue tan vívida en su intensidad emocional, y llena de momentos tan fervientes de éxtasis o de alegría, todo parece ser un sueño y una ilusión. ¿Qué son las cosas irreales, sino las pasiones que una vez le quemaron a uno como el fuego? ¿Qué son las cosas increíbles, sino las cosas en las que uno ha creído fielmente? ¿Qué son las cosas improbables? Las cosas que uno mismo ha hecho. No, Ernest; la vida nos engaña con sombras, como un titiritero. Le pedimos placer. Nos lo da, con amargura y decepción al andar. Nos topamos con alguna pena noble que pensamos que prestará la púrpura dignidad de la tragedia a nuestros días pero se aleja de nosotros y cosas menos nobles ocupan su lugar, y en algún amanecer gris y ventoso, o en alguna víspera olorosa de silencio y de plata, nos encontramos mirando con insensible asombro, o con el corazón embotado de piedra, el mechón de cabello moteado de oro que una vez habíamos adorado tan salvajemente y besado tan locamente.

ERNEST. ¿Entonces la vida es un fracaso?

GILBERT. Desde el punto de vista artístico, ciertamente. Y lo principal que hace que la vida sea un fracaso desde este punto de vista artístico es lo que confiere a la vida su sórdida seguridad, el hecho de que nunca se puede repetir exactamente la misma emoción. ¡Qué diferente es en

Art! On a shelf of the bookcase behind you stands the *Divine Comedy,* and I know that, if I open it at a certain place, I shall be filled with a fierce hatred of some one who has never wronged me, or stirred by a great love for some one whom I shall never see. There is no mood or passion that Art cannot give us, and those of us who have discovered her secret can settle beforehand what our experiences are going to be. We can choose our day and select our hour. We can say to ourselves, 'To-morrow, at dawn, we shall walk with grave Virgil through the valley of the shadow of death,' and lo! the dawn finds us in the obscure wood, and the Mantuan stands by our side. We pass through the gate of the legend fatal to hope, and with pity or with joy behold the horror of another world. The hypocrites go by, with their painted faces and their cowls of gilded lead. Out of the ceaseless winds that drive them, the carnal look at us, and we watch the heretic rending his flesh, and the glutton lashed by the rain. We break the withered branches from the tree in the grove of the Harpies, and each dull-hued poisonous twig bleeds with red blood before us, and cries aloud with bitter cries. Out of a horn of fire Odysseus speaks to us, and when from his sepulchre of flame the great Ghibelline rises, the pride that triumphs over the torture of that bed becomes ours for a moment. Through the dim purple air fly those who have stained the world with the beauty of their sin, and in the pit of loathsome disease, dropsy-stricken and swollen of body into the semblance of a monstrous lute, lies Adamo di Brescia, the coiner of false coin. He bids us listen to his misery; we stop, and with dry and gaping lips he tells us how he dreams day and night of the brooks of clear water that in cool dewy channels gush down the green Casentine hills. Sinon, the false Greek of Troy, mocks at him. He smites him in the face, and they wrangle. We are fascinated by their shame, and loiter, till Virgil chides us and leads us away to that city turreted by giants where great Nimrod blows his horn. Terrible things are in store for us, and we go to meet them in Dante's raiment and with Dante's heart. We traverse the marshes of the Styx, and Argenti swims to the boat through the slimy waves. He calls to us, and we reject him. When we hear the voice of his agony we are glad, and Virgil praises us for the bitterness of our scorn. We tread upon the cold crystal of Cocytus, in which traitors stick like straws in glass. Our foot strikes against the head of Bocca. He will not tell us his name, and we tear the hair in handfuls from the screaming skull. Alberigo prays us to break the ice upon his face that he may weep a little. We pledge our word to him, and when he has uttered his dolor-

el mundo del Arte! En un estante de la biblioteca que hay detrás de ti se encuentra la *Divina Comedia,* y sé que, si la abro en un lugar determinado, me llenaré de un odio feroz hacia alguien que nunca me ha hecho daño, o me agitará un gran amor por alguien a quien nunca veré. No hay estado de ánimo ni pasión que el Arte no pueda proporcionarnos, y los que hemos descubierto su secreto podemos decidir de antemano cuáles van a ser nuestras experiencias. Podemos elegir nuestro día y seleccionar nuestra hora. Podemos decirnos a nosotros mismos: «Mañana, al amanecer, caminaremos con el grave Virgilio por el valle de la sombra de la muerte», y he aquí que el alba nos encuentra en el oscuro bosque, y el mantuano está a nuestro lado. Atravesamos la puerta de la leyenda fatal para la esperanza y con piedad o con alegría contemplamos el horror de otro mundo. Pasan los hipócritas, con sus rostros pintados y sus capuchas de plomo dorado. De entre los vientos incesantes que los impulsan, los carnales nos miran, y vemos al hereje desgarrarse la carne y al glotón azotado por la lluvia. Rompemos las ramas marchitas del árbol en la arboleda de las arpías y cada ramita venenosa y apagada sangra con sangre roja ante nosotros, y grita en voz alta con gritos amargos. De un cuerno de fuego nos habla Odiseo, y cuando de su sepulcro de llamas se levanta el gran Gibelino, el orgullo que triunfa sobre la tortura de aquel lecho se hace nuestro por un momento. A través del tenue aire púrpura vuelan aquellos que han manchado el mundo con la belleza de su pecado, y en el pozo de la repugnante enfermedad, afectado por la hidropesía e hinchado de cuerpo hasta la apariencia de un monstruoso laúd, yace Adamo di Brescia, el acuñador de moneda falsa. Nos pide que escuchemos su miseria; nos detenemos, y con los labios secos y entreabiertos nos cuenta cómo sueña día y noche con los arroyos de agua clara que en frescos canales cubiertos de rocío brotan por las verdes colinas casentinas. Sinón, el falso griego de Troya, se burla de él. Le golpea en la cara y riñen. Nos fascina su vergüenza y merodeamos, hasta que Virgilio nos reprende y nos conduce a esa ciudad torreada por gigantes donde el gran Nimrod hace sonar su cuerno. Nos esperan cosas terribles, y vamos a su encuentro con los ropajes y el corazón de Dante. Atravesamos los pantanos de la Estigia, y Argenti nada hacia la barca a través de las olas viscosas. Nos llama y le rechazamos. Cuando oímos la voz de su agonía nos alegramos, y Virgilio nos alaba por la amargura de nuestro desprecio. Pisamos el frío cristal de Cóctico, en el que los traidores se clavan como pajas en el cristal. Nuestro pie golpea contra la cabeza de Bocca. No quiere decirnos su nombre, y le arrancamos el pelo a puñados del cráneo chillón. Alberigo nos ruega que rompamos el hielo

ous tale we deny the word that we have spoken, and pass from him; such cruelty being courtesy indeed, for who more base than he who has mercy for the condemned of God? In the jaws of Lucifer we see the man who sold Christ, and in the jaws of Lucifer the men who slew Caesar. We tremble, and come forth to re-behold the stars.

In the land of Purgation the air is freer, and the holy mountain rises into the pure light of day. There is peace for us, and for those who for a season abide in it there is some peace also, though, pale from the poison of the Maremma, Madonna Pia passes before us, and Ismene, with the sorrow of earth still lingering about her, is there. Soul after soul makes us share in some repentance or some joy. He whom the mourning of his widow taught to drink the sweet wormwood of pain, tells us of Nella praying in her lonely bed, and we learn from the mouth of Buonconte how a single tear may save a dying sinner from the fiend. Sordello, that noble and disdainful Lombard, eyes us from afar like a couchant lion. When he learns that Virgil is one of Mantua's citizens, he falls upon his neck, and when he learns that he is the singer of Rome he falls before his feet. In that valley whose grass and flowers are fairer than cleft emerald and Indian wood, and brighter than scarlet and silver, they are singing who in the world were kings; but the lips of Rudolph of Hapsburg do not move to the music of the others, and Philip of France beats his breast and Henry of England sits alone. On and on we go, climbing the marvellous stair, and the stars become larger than their wont, and the song of the kings grows faint, and at length we reach the seven trees of gold and the garden of the Earthly Paradise. In a griffin-drawn chariot appears one whose brows are bound with olive, who is veiled in white, and mantled in green, and robed in a vesture that is coloured like live fire. The ancient flame wakes within us. Our blood quickens through terrible pulses. We recognise her. It is Beatrice, the woman we have worshipped. The ice congealed about our heart melts. Wild tears of anguish break from us, and we bow our forehead to the ground, for we know that we have sinned. When we have done penance, and are purified, and have drunk of the fountain of Lethe and bathed in the fountain of Eunoe, the mistress of our soul raises us to the Paradise of Heaven. Out of that eternal pearl, the moon, the face of Piccarda Donati leans to us. Her beauty troubles us for a moment, and when, like

de su rostro para que pueda llorar un poco. Le empeñamos nuestra palabra, y cuando ha pronunciado su doloroso relato negamos la palabra que hemos pronunciado y pasamos de él; tal crueldad es en verdad cortesía, pues ¿quién más vil que quien tiene piedad de los condenados de Dios? En las fauces de Lucifer vemos al hombre que vendió a Cristo, y en las fauces de Lucifer a los hombres que mataron a César. Temblamos, y salimos para volver a abrazar las estrellas.

En la tierra de la Purgación el aire es más libre, y la montaña sagrada se eleva a la luz pura del día. Hay paz para nosotros, y para los que por una temporada moran en ella también hay algo de paz, aunque, pálida por el veneno de la Maremma, Madonna Pia pasa ante nosotros, e Ismene, con la pena de la tierra aún rondando, está allí. Alma tras alma nos hace partícipes de algún arrepentimiento o de alguna alegría. Aquel a quien el luto de su viuda enseñó a beber el dulce ajenjo del dolor, nos habla de Nella rezando en su lecho solitario, y aprendemos de boca de Buonconte cómo una sola lágrima puede salvar del demonio a un pecador moribundo. Sordello, ese noble y desdeñoso lombardo, nos mira desde lejos como un león *couchant*. Cuando se entera de que Virgilio es uno de los ciudadanos de Mantua, cae sobre su cuello, y cuando se entera de que es el cantor de Roma, cae bajo sus pies. En ese valle cuya hierba y flores son más bellas que la esmeralda hendida y la madera de la India, y más brillantes que la escarlata y la plata, cantan quienes en el mundo fueron reyes; pero los labios de Rodolfo de Habsburgo no se mueven al compás de la música de los demás, y Felipe de Francia se golpea el pecho y Enrique de Inglaterra se sienta solo. Avanzamos y avanzamos, subiendo la maravillosa escalera, y las estrellas se agrandan más de lo acostumbrado, y el canto de los reyes se desvanece, y al fin llegamos a los siete árboles de oro y al jardín del Paraíso Terrenal. En un carro tirado por un grifo aparece uno cuyas cejas están ceñidas de olivo, que está velado de blanco, y cubierto de verde, y ataviado con una vestidura coloreada como el fuego vivo. La antigua llama se despierta en nuestro interior. Nuestra sangre se acelera con pulsaciones terribles. La reconocemos. Es Beatrice, la mujer a la que hemos venerado. El hielo congelado en torno a nuestro corazón se derrite. Lágrimas salvajes de angustia brotan de nosotros, e inclinamos la frente hacia el suelo, porque sabemos que hemos pecado. Cuando hemos hecho penitencia, y estamos purificados, y hemos bebido de la fuente de Leteo y nos hemos bañado en la fuente de Eunoe, la dueña de nuestra alma nos eleva al Paraíso del Cielo. De esa perla eterna, la luna, se inclina ha-

a thing that falls through water, she passes away, we gaze after her with wistful eyes. The sweet planet of Venus is full of lovers. Cunizza, the sister of Ezzelin, the lady of Sordello's heart, is there, and Folco, the passionate singer of Provence, who in sorrow for Azalais forsook the world, and the Canaanitish harlot whose soul was the first that Christ redeemed. Joachim of Flora stands in the sun, and, in the sun, Aquinas recounts the story of St. Francis and Bonaventure the story of St. Dominic. Through the burning rubies of Mars, Cacciaguida approaches. He tells us of the arrow that is shot from the bow of exile, and how salt tastes the bread of another, and how steep are the stairs in the house of a stranger. In Saturn the soul sings not, and even she who guides us dare not smile. On a ladder of gold the flames rise and fall. At last, we see the pageant of the Mystical Rose. Beatrice fixes her eyes upon the face of God to turn them not again. The beatific vision is granted to us; we know the Love that moves the sun and all the stars.

Yes, we can put the earth back six hundred courses and make ourselves one with the great Florentine, kneel at the same altar with him, and share his rapture and his scorn. And if we grow tired of an antique time, and desire to realise our own age in all its weariness and sin, are there not books that can make us live more in one single hour than life can make us live in a score of shameful years? Close to your hand lies a little volume, bound in some Nile-green skin that has been powdered with gilded nenuphars and smoothed with hard ivory. It is the book that Gautier loved, it is Baudelaire's masterpiece. Open it at that sad madrigal that begins

Que m'importe que tu sois sage ?
Sois belle ! et sois triste !

and you will find yourself worshipping sorrow as you have never worshipped joy. Pass on to the poem on the man who tortures himself, let its subtle music steal into your brain and colour your thoughts, and you will become for a moment what he was who wrote it; nay, not for a moment only, but for many barren moonlit nights and sunless sterile days will a despair that is not your own make its dwelling within you, and the misery of another gnaw your heart away. Read the whole book, suffer it to tell even one of its secrets to your soul, and your soul

cia nosotros el rostro de Piccarda Donati. Su belleza nos turba por un momento, y cuando, como una cosa que cae a través del agua, se aleja, la contemplamos con ojos melancólicos. El dulce planeta de Venus está lleno de amantes. Cunizza, la hermana de Ezzelin, la dama del corazón de Sordello, está allí, y Folco, el apasionado cantante de Provenza, que en su dolor por Azalais abandonó el mundo, y la ramera cananea cuya alma fue la primera que Cristo redimió. Joaquín de Flora se alza bajo el sol y, bajo el sol, Aquino relata la historia de San Francisco y Buenaventura la de Santo Domingo. A través de los rubíes ardientes de Marte, se acerca Cacciaguida. Nos habla de la flecha que se dispara desde el arco del exilio, y de cómo la sal prueba el pan de otro, y de lo empinadas que son las escaleras en la casa de un extraño. En Saturno el alma no canta, e incluso la que nos guía no se atreve a sonreír. En una escalera de oro las llamas suben y bajan. Por fin, vemos el desfile de la Rosa Mística. Beatrice fija sus ojos en el rostro de Dios para no volverlos de nuevo. La visión beatífica nos es concedida; conocemos el Amor que mueve el sol y todas las estrellas.

Sí, podemos hacer retroceder la tierra seiscientos cursos y hacernos uno con el gran florentino, arrodillarnos en el mismo altar con él y compartir su arrobamiento y su desprecio. Y si nos cansamos de un tiempo antiguo, y deseamos darnos cuenta de nuestra propia edad en todo su cansancio y pecado, ¿no hay libros que pueden hacernos vivir más en una sola hora de lo que la vida puede hacernos vivir en una veintena de años vergonzosos? Cerca de tu mano yace un pequeño volumen, encuadernado en alguna piel verde Nilo que ha sido empolvada con nenúfares dorados y alisada con duro marfil. Es el libro que amaba Gautier, es la obra maestra de Baudelaire. Ábrelo en ese triste madrigal que comienza

Que m'importe que tu sois sage ?
Sois belle ! et sois triste !

y te encontrarás adorando la pena como nunca has adorado la alegría. Pasa al poema sobre el hombre que se tortura a sí mismo, deja que su sutil música se introduzca en tu cerebro y coloree tus pensamientos, y te convertirás por un momento en lo que era aquel que lo escribió; es más, no sólo por un momento, sino durante muchas noches estériles iluminadas por la luna y días estériles sin sol, una desesperación que no es la tuya habitará en tu interior, y la miseria de otro te roerá el corazón. Lee el libro entero, permite que te cuente siquiera uno de sus secretos

will grow eager to know more, and will feed upon poisonous honey, and seek to repent of strange crimes of which it is guiltless, and to make atonement for terrible pleasures that it has never known. And then, when you are tired of these flowers of evil, turn to the flowers that grow in the garden of Perdita, and in their dew-drenched chalices cool your fevered brow, and let their loveliness heal and restore your soul; or wake from his forgotten tomb the sweet Syrian, Meleager, and bid the lover of Heliodore make you music, for he too has flowers in his song, red pomegranate blossoms, and irises that smell of myrrh, ringed daffodils and dark blue hyacinths, and marjoram and crinkled ox-eyes. Dear to him was the perfume of the bean-field at evening, and dear to him the odorous eared-spikenard that grew on the Syrian hills, and the fresh green thyme, the wine-cup's charm. The feet of his love as she walked in the garden were like lilies set upon lilies. Softer than sleep-laden poppy petals were her lips, softer than violets and as scented. The flame-like crocus sprang from the grass to look at her. For her the slim narcissus stored the cool rain; and for her the anemones forgot the Sicilian winds that wooed them. And neither crocus, nor anemone, nor narcissus was as fair as she was.

It is a strange thing, this transference of emotion. We sicken with the same maladies as the poets, and the singer lends us his pain. Dead lips have their message for us, and hearts that have fallen to dust can communicate their joy. We run to kiss the bleeding mouth of Fantine, and we follow Manon Lescaut over the whole world. Ours is the love-madness of the Tyrian, and the terror of Orestes is ours also. There is no passion that we cannot feel, no pleasure that we may not gratify, and we can choose the time of our initiation and the time of our freedom also. Life! Life! Don't let us go to life for our fulfilment or our experience. It is a thing narrowed by circumstances, incoherent in its utterance, and without that fine correspondence of form and spirit which is the only thing that can satisfy the artistic and critical temperament. It makes us pay too high a price for its wares, and we purchase the meanest of its secrets at a cost that is monstrous and infinite.

ERNEST. Must we go, then, to Art for everything?

GILBERT. For everything. Because Art does not hurt us. The tears

a tu alma, y tu alma crecerá ansiosa por saber más, y te alimentará de miel venenosa, y tratarás de arrepentirte de extraños crímenes de los que estás libre de culpa, y de expiar terribles placeres que nunca has conocido. Y entonces, cuando estés cansado de estas flores del mal, vuélvete hacia las flores que crecen en el jardín de Perdita, y en sus cálices empapados de rocío refresca su frente febril, y deja que su hermosura cure y restaure tu alma; o despierta de su olvidada tumba al dulce sirio Meleagro, y pídele al amante de Heliodoro que te haga música, pues él también tiene flores en su canto, rojas flores de granado, e iris que huelen a mirra, narcisos anillados y jacintos azul oscuro, y mejorana y arrugados ojos de buey. Querido era para él el perfume del campo de habas al atardecer, y querido el oloroso nardo que crecía en las colinas sirias, y el fresco tomillo verde, el encanto de la copa de vino. Los pies de su amor cuando caminaba por el jardín eran como lirios puestos sobre lirios. Más suaves que los pétalos de amapola cargados de sueño eran sus labios, más suaves que las violetas y tan perfumados. El flamante crocus brotaba de la hierba para mirarla. Por ella los esbeltos narcisos guardaban la fresca lluvia, y por ella las anémonas olvidaban los vientos sicilianos que las cortejaban. Y ni el crocus, ni la anémona, ni el narciso eran tan hermosos como ella.

Es algo extraño, esta transferencia de emociones. Nosotros enfermamos de los mismos males que los poetas, y el cantante nos presta su dolor. Los labios muertos tienen su mensaje para nosotros, y los corazones que se han convertido en polvo pueden comunicarnos su alegría. Corremos a besar la boca sangrante de Fantine, y seguimos a Manon Lescaut por el mundo entero. Nuestra es la locura de amor de la tiria, y nuestro es también el terror de Orestes. No hay pasión que no podamos sentir, ni placer que no podamos gratificar, y podemos elegir el momento de nuestra iniciación y también el de nuestra libertad. ¡Vida! ¡La vida! No vayamos a la vida por nuestra realización o nuestra experiencia. Es una cosa estrecha por las circunstancias, incoherente en su expresión, y sin esa fina correspondencia de forma y espíritu que es lo único que puede satisfacer al temperamento artístico y crítico. Nos hace pagar un precio demasiado alto por sus mercancías, y compramos el más mezquino de sus secretos a un coste que es monstruoso e infinito.

ERNEST. ¿Debemos ir, entonces, al Arte para todo?

GILBERT. Para todo. Porque el Arte no nos hace daño. Las lágrimas

that we shed at a play are a type of the exquisite sterile emotions that it is the function of Art to awaken. We weep, but we are not wounded. We grieve, but our grief is not bitter. In the actual life of man, sorrow, as Spinoza says somewhere, is a passage to a lesser perfection. But the sorrow with which Art fills us both purifies and initiates, if I may quote once more from the great art critic of the Greeks. It is through Art, and through Art only, that we can realise our perfection; through Art, and through Art only, that we can shield ourselves from the sordid perils of actual existence. This results not merely from the fact that nothing that one can imagine is worth doing, and that one can imagine everything, but from the subtle law that emotional forces, like the forces of the physical sphere, are limited in extent and energy. One can feel so much, and no more. And how can it matter with what pleasure life tries to tempt one, or with what pain it seeks to maim and mar one's soul, if in the spectacle of the lives of those who have never existed one has found the true secret of joy, and wept away one's tears over their deaths who, like Cordelia and the daughter of Brabantio, can never die?

ERNEST. Stop a moment. It seems to me that in everything that you have said there is something radically immoral.

GILBERT. All art is immoral.

ERNEST. All art?

GILBERT. Yes. For emotion for the sake of emotion is the aim of art, and emotion for the sake of action is the aim of life, and of that practical organisation of life that we call society. Society, which is the beginning and basis of morals, exists simply for the concentration of human energy, and in order to ensure its own continuance and healthy stability it demands, and no doubt rightly demands, of each of its citizens that he should contribute some form of productive labour to the common weal, and toil and travail that the day's work may be done. Society often forgives the criminal; it never forgives the dreamer. The beautiful sterile emotions that art excites in us are hateful in its eyes, and so completely are people dominated by the tyranny of this dreadful social ideal that they are always coming shamelessly up to one at Private Views and other places that are open

que derramamos en una obra de teatro son una clase de las exquisitas emociones estériles que el Arte tiene que despertar. Lloramos, pero no estamos heridos. Nos afligimos, pero nuestra pena no es amarga. En la vida real del hombre, la pena, como dice Spinoza en alguna parte, es un pasaje a una perfección menor. Pero la pena con la que nos llena el Arte purifica e inicia, si se me permite citar una vez más al gran crítico de arte de los griegos. Es a través del Arte, y sólo a través del Arte, como podemos realizar nuestra perfección; a través del Arte, y sólo a través del Arte, como podemos protegernos de los sórdidos peligros de la existencia real. Esto resulta no sólo del hecho de que nada de lo que uno puede imaginar merece la pena ser hecho, y de que uno puede imaginarlo todo, sino de la sutil ley de que las fuerzas emocionales, como las fuerzas de la esfera física, están limitadas en extensión y energía. Uno puede sentir tanto, y no más. ¿Y qué importa con qué placer la vida intente tentarle a uno, o con qué dolor intente mutilar y estropear su alma, si en el espectáculo de las vidas de aquellos que nunca han existido uno ha encontrado el verdadero secreto de la alegría, y ha llorado sus lágrimas por sus muertes que, como Cordelia y la hija de Brabantio, nunca podrán morir?

ERNEST. Detente un momento. Me parece que en todo lo que has dicho hay algo radicalmente inmoral.

GILBERT. Todo arte es inmoral.

ERNEST. ¿Todo arte?

GILBERT. Sí. Porque la emoción por la emoción es el objetivo del arte, y la emoción por la acción es el objetivo de la vida, y de esa organización práctica de la vida que llamamos sociedad. La sociedad, que es el principio y la base de la moral, existe simplemente para la concentración de la energía humana, y para asegurar su propia continuidad y sana estabilidad exige, y sin duda con razón, de cada uno de sus ciudadanos que contribuya alguna forma de trabajo productivo al bien común, y que se esfuerce y trabaje para que el trabajo del día pueda realizarse. La sociedad perdona a menudo al criminal; nunca perdona al soñador. Las bellas emociones estériles que el arte excita en nosotros son odiosas a sus ojos, y la gente está tan completamente dominada por la tiranía de este espantoso ideal social que siempre se acercan descaradamente a uno en las Visitas Privadas y otros lugares abiertos al público en gene-

to the general public, and saying in a loud stentorian voice, 'What are you doing?' whereas 'What are you thinking?' is the only question that any single civilised being should ever be allowed to whisper to another. They mean well, no doubt, these honest beaming folk. Perhaps that is the reason why they are so excessively tedious. But some one should teach them that while, in the opinion of society, Contemplation is the gravest sin of which any citizen can be guilty, in the opinion of the highest culture it is the proper occupation of man.

ERNEST. Contemplation?

GILBERT. Contemplation. I said to you some time ago that it was far more difficult to talk about a thing than to do it. Let me say to you now that to do nothing at all is the most difficult thing in the world, the most difficult and the most intellectual. To Plato, with his passion for wisdom, this was the noblest form of energy. To Aristotle, with his passion for knowledge, this was the noblest form of energy also. It was to this that the passion for holiness led the saint and the mystic of mediaeval days.

ERNEST. We exist, then, to do nothing?

GILBERT. It is to do nothing that the elect exist. Action is limited and relative. Unlimited and absolute is the vision of him who sits at ease and watches, who walks in loneliness and dreams. But we who are born at the close of this wonderful age are at once too cultured and too critical, too intellectually subtle and too curious of exquisite pleasures, to accept any speculations about life in exchange for life itself. To us the *città divina* is colourless, and the *fruitio Dei* without meaning. Metaphysics do not satisfy our temperaments, and religious ecstasy is out of date. The world through which the Academic philosopher becomes 'the spectator of all time and of all existence' is not really an ideal world, but simply a world of abstract ideas. When we enter it, we starve amidst the chill mathematics of thought. The courts of the city of God are not open to us now. Its gates are guarded by Ignorance, and to pass them we have to surrender all that in our nature is most divine. It is enough that our fathers believed. They have exhausted the faith-faculty of the species. Their legacy to us is the scepticism of which they were afraid. Had they put it into words, it might not live within us as thought. No, Ernest, no. We cannot go

ral, y le dicen con voz estentórea: «¿Qué está haciendo?», mientras que «¿Qué está pensando?» es la única pregunta que se le debería permitir a cualquier ser civilizado susurrar a otro. Tienen buenas intenciones, sin duda, estas personas honestas y radiantes. Tal vez esa sea la razón por la que son tan excesivamente tediosas. Pero alguien debería enseñarles que mientras que, en opinión de la sociedad, la contemplación es el pecado más grave del que puede ser culpable cualquier ciudadano, en opinión de la cultura más elevada es la ocupación propia del hombre.

ERNEST. ¿Contemplación?

GILBERT. Contemplación. Hace poco tiempo te dije que era mucho más difícil hablar de una cosa que hacerla. Permíteme decirte ahora que no hacer nada en absoluto es la cosa más difícil del mundo, la más difícil y la más intelectual. Para Platón, con su pasión por la sabiduría, esta era la forma más noble de energía. Para Aristóteles, con su pasión por el conocimiento, esta era también la forma más noble de energía. Fue a esto a lo que la pasión por la santidad condujo al santo y al místico de los días medievales.

ERNEST. ¿Existimos, entonces, para no hacer nada?

GILBERT. Los elegidos existen para no hacer nada. La acción es limitada y relativa. Ilimitada y absoluta es la visión del que se sienta a sus anchas y observa, del que camina en soledad y sueña. Pero nosotros, que hemos nacido al final de esta época maravillosa, somos a la vez demasiado cultos y demasiado críticos, demasiado sutiles intelectualmente y demasiado curiosos de placeres exquisitos, para aceptar cualquier especulación sobre la vida a cambio de la vida misma. Para nosotros la *città divina* es incolora, y la *fruitio Dei* sin sentido. La metafísica no satisface nuestros temperamentos, y el éxtasis religioso está pasado de moda. El mundo a través del cual el filósofo académico se convierte en «el espectador de todo tiempo y de toda existencia» no es realmente un mundo ideal, sino simplemente un mundo de ideas abstractas. Cuando entramos en él, morimos de hambre en medio de las frías matemáticas del pensamiento. Los patios de la ciudad de Dios no están abiertos para nosotros ahora. Sus puertas están custodiadas por la Ignorancia, y para traspasarlas tenemos que renunciar a todo lo que en nuestra naturaleza hay de más divino. Basta con que nuestros padres hayan creído. Ellos han agotado la facultad por la fe de la especie. Su legado para nosotros

back to the saint. There is far more to be learned from the sinner. We cannot go back to the philosopher, and the mystic leads us astray. Who, as Mr. Pater suggests somewhere, would exchange the curve of a single rose-leaf for that formless intangible Being which Plato rates so high? What to us is the Illumination of Philo, the Abyss of Eckhart, the Vision of Bohme, the monstrous Heaven itself that was revealed to Swedenborg's blinded eyes? Such things are less than the yellow trumpet of one daffodil of the field, far less than the meanest of the visible arts, for, just as Nature is matter struggling into mind, so Art is mind expressing itself under the conditions of matter, and thus, even in the lowliest of her manifestations, she speaks to both sense and soul alike. To the aesthetic temperament the vague is always repellent. The Greeks were a nation of artists, because they were spared the sense of the infinite. Like Aristotle, like Goethe after he had read Kant, we desire the concrete, and nothing but the concrete can satisfy us.

ERNEST. What then do you propose?

GILBERT. It seems to me that with the development of the critical spirit we shall be able to realise, not merely our own lives, but the collective life of the race, and so to make ourselves absolutely modern, in the true meaning of the word modernity. For he to whom the present is the only thing that is present, knows nothing of the age in which he lives. To realise the nineteenth century, one must realise every century that has preceded it and that has contributed to its making. To know anything about oneself one must know all about others. There must be no mood with which one cannot sympathise, no dead mode of life that one cannot make alive. Is this impossible? I think not. By revealing to us the absolute mechanism of all action, and so freeing us from the self-imposed and trammelling burden of moral responsibility, the scientific principle of Heredity has become, as it were, the warrant for the contemplative life. It has shown us that we are never less free than when we try to act. It has hemmed us round with the nets of the hunter, and written upon the wall the prophecy of our doom. We may not watch it, for it is within us. We may not see it, save in a mirror that mirrors the soul. It is Nemesis without her mask. It is the last of the Fates, and the most terrible. It is the only one of the

es el escepticismo del que tenían miedo. Si lo hubieran puesto en palabras, quizá no viviría en nosotros como pensamiento. No, Ernest, no. No podemos volver al santo. Hay mucho más que aprender del pecador. No podemos volver al filósofo, y el místico nos extravía. ¿Quién, como sugiere Mr. Pater en alguna parte, cambiaría la curva de una simple hoja de rosa por ese Ser intangible sin forma que Platón valora tan alto? ¿Qué es para nosotros la Iluminación de Filón, el Abismo de Eckhart, la Visión de Bohme, el monstruoso Cielo mismo que se reveló a los ojos cegados de Swedenborg? Tales cosas son menos que la trompeta amarilla de un narciso del campo, mucho menos que la más insignificante de las artes visibles, pues, al igual que la Naturaleza es la materia luchando en la mente, el Arte es la mente expresándose bajo las condiciones de la materia, y así, incluso en la más baja de sus manifestaciones, habla tanto al sentido como al alma por igual. Para el temperamento estético lo vago es siempre repelente. Los griegos fueron una nación de artistas, porque se les ahorró el sentido de lo infinito. Como Aristóteles, como Goethe después de haber leído a Kant, deseamos lo concreto, y nada más que lo concreto puede satisfacernos.

ERNEST. ¿Qué propones entonces?

GILBERT. Me parece que con el desarrollo del espíritu crítico podremos darnos cuenta, no sólo de nuestra propia vida, sino de la vida colectiva de la raza, y así hacernos absolutamente modernos, en el verdadero sentido de la palabra modernidad. Porque aquel para quien el presente es lo único presente, no sabe nada de la época en que vive. Para darse cuenta del siglo XIX, hay que darse cuenta de todos los siglos que lo han precedido y que han contribuido a su realización. Para saber algo de uno mismo hay que saberlo todo de los demás. No debe haber ningún estado de ánimo con el que uno no pueda simpatizar, ningún modo de vida muerto que uno no pueda hacer vivo. ¿Es esto imposible? Yo creo que no. Al revelarnos el mecanismo absoluto de toda acción, y liberarnos así de la carga autoimpuesta y atormentadora de la responsabilidad moral, el principio científico de la Herencia se ha convertido, por así decirlo, en la garantía de la vida contemplativa. Nos ha demostrado que nunca somos menos libres que cuando intentamos actuar. Nos ha rodeado con las redes del cazador y ha escrito en el muro la profecía de nuestra perdición. No podemos verla, porque está dentro de nosotros. No podemos verla, salvo en un espejo que refleja el alma. Es Némesis sin su máscara. Es la última de las Parcas, y la más terrible. Es el único

Gods whose real name we know.

And yet, while in the sphere of practical and external life it has robbed energy of its freedom and activity of its choice, in the sub-jective sphere, where the soul is at work, it comes to us, this terrible shadow, with many gifts in its hands, gifts of strange temperaments and subtle susceptibilities, gifts of wild ardours and chill moods of indifference, complex multiform gifts of thoughts that are at variance with each other, and passions that war against themselves. And so, it is not our own life that we live, but the lives of the dead, and the soul that dwells within us is no single spiritual entity, making us personal and individual, created for our service, and entering into us for our joy. It is something that has dwelt in fearful places, and in ancient sepulchres has made its abode. It is sick with many maladies, and has memories of curious sins. It is wiser than we are, and its wisdom is bitter. It fills us with impossible desires, and makes us follow what we know we cannot gain. One thing, however, Ernest, it can do for us. It can lead us away from surroundings whose beauty is dimmed to us by the mist of familiarity, or whose ignoble ugliness and sordid claims are marring the perfection of our development. It can help us to leave the age in which we were born, and to pass into other ages, and find ourselves not exiled from their air. It can teach us how to escape from our experience, and to realise the experiences of those who are greater than we are. The pain of Leopardi crying out against life becomes our pain. Theocritus blows on his pipe, and we laugh with the lips of nymph and shepherd. In the wolfskin of Pierre Vi-dal we flee before the hounds, and in the armour of Lancelot we ride from the bower of the Queen. We have whispered the secret of our love beneath the cowl of Abelard, and in the stained raiment of Villon have put our shame into song. We can see the dawn through Shelley's eyes, and when we wander with Endymion the Moon grows amorous of our youth. Ours is the anguish of Atys, and ours the weak rage and noble sorrows of the Dane. Do you think that it is the imagination that enables us to live these countless lives? Yes: it is the imagination; and the imagination is the result of heredity. It is simply concentrated race-experience.

ERNEST. But where in this is the function of the critical spirit?

de los Dioses cuyo verdadero nombre conocemos.

Y sin embargo, mientras que en la esfera de la vida práctica y externa ha despojado a la energía de su libertad y a la actividad de su elección, en la esfera subjetiva, donde el alma está en acción, viene a nosotros, esta terrible sombra, con muchos dones en sus manos, dones de temperamentos extraños y susceptibilidades sutiles, dones de ardores salvajes y fríos humores de indiferencia, complejos dones multiformes de pensamientos que están en desacuerdo entre sí, y pasiones que guerrean contra sí mismas. Y así, no es nuestra propia vida la que vivimos, sino las vidas de los muertos, y el alma que mora en nosotros no es una entidad espiritual única, que nos hace personales e individuales, creada para nuestro servicio, y que entra en nosotros para nuestro gozo. Es algo que ha habitado en lugares temibles, y en antiguos sepulcros ha hecho su morada. Está enferma de muchos males, y tiene recuerdos de curiosos pecados. Es más sabia que nosotros, y su sabiduría es amarga. Nos llena de deseos imposibles, y nos hace seguir lo que sabemos que no podemos conseguir. Una cosa, sin embargo, Ernest, puede hacer por nosotros. Puede alejarnos de entornos cuya belleza se nos oscurece por la bruma de la familiaridad, o cuya innoble fealdad y sórdidas pretensiones estropean la perfección de nuestro desarrollo. Puede ayudarnos a abandonar la época en la que nacimos y a pasar a otras épocas, sin encontrarnos exiliados de su aire. Puede enseñarnos a escapar de nuestra experiencia, y a darnos cuenta de las experiencias de aquellos que son más grandes que nosotros. El dolor de Leopardi gritando contra la vida se convierte en nuestro dolor. Teócrito sopla en su pipa, y nosotros reímos con labios de ninfa y pastor. Con la piel de lobo de Pierre Vidal huimos ante los sabuesos, y con la armadura de Lancelot cabalgamos desde la enramada de la reina. Hemos susurrado el secreto de nuestro amor bajo la capucha de Abelardo, y en las vestiduras manchadas de Villon hemos puesto nuestra vergüenza en canción. Podemos ver el amanecer a través de los ojos de Shelley, y cuando vagamos con Endimión la Luna se enamora de nuestra juventud. Nuestra es la angustia de Atys, y nuestras la débil rabia y las nobles penas del danés. ¿Crees que es la imaginación la que nos permite vivir estas incontables vidas? Sí, es la imaginación; y la imaginación es el resultado de la herencia. Es simplemente experiencia racial concentrada.

ERNEST. Pero, ¿dónde está en esto la función del espíritu crítico?

GILBERT. The culture that this transmission of racial experiences makes possible can be made perfect by the critical spirit alone, and indeed may be said to be one with it. For who is the true critic but he who bears within himself the dreams, and ideas, and feelings of myriad generations, and to whom no form of thought is alien, no emotional impulse obscure? And who the true man of culture, if not he who by fine scholarship and fastidious rejection has made instinct self-conscious and intelligent, and can separate the work that has distinction from the work that has it not, and so by contact and comparison makes himself master of the secrets of style and school, and understands their meanings, and listens to their voices, and develops that spirit of disinterested curiosity which is the real root, as it is the real flower, of the intellectual life, and thus attains to intellectual clarity, and, having learned 'the best that is known and thought in the world,' lives—it is not fanciful to say so—with those who are the Immortals.

Yes, Ernest: the contemplative life, the life that has for its aim not *doing* but *being*, and not *being* merely, but *becoming*—that is what the critical spirit can give us. The gods live thus: either brooding over their own perfection, as Aristotle tells us, or, as Epicurus fancied, watching with the calm eyes of the spectator the tragicomedy of the world that they have made. We, too, might live like them, and set ourselves to witness with appropriate emotions the varied scenes that man and nature afford. We might make ourselves spiritual by detaching ourselves from action, and become perfect by the rejection of energy. It has often seemed to me that Browning felt something of this. Shakespeare hurls Hamlet into active life, and makes him realise his mission by effort. Browning might have given us a Hamlet who would have realised his mission by thought. Incident and event were to him unreal or unmeaning. He made the soul the protagonist of life's tragedy, and looked on action as the one undramatic element of a play. To us, at any rate, the ΒΙΟΣ ΘΕΩΡΗΤΙΚΟΣ is the true ideal. From the high tower of Thought we can look out at the world. Calm, and self-centred, and complete, the aesthetic critic contemplates life, and no arrow drawn at a venture can pierce between the joints of his harness. He at least is safe. He has discovered how to live.

GILBERT. La cultura que hace posible esta transmisión de experiencias de la raza puede ser perfeccionada únicamente por el espíritu crítico, y de hecho puede decirse que es una con él. Porque, ¿quién es el verdadero crítico sino aquel que lleva en sí mismo los sueños, y las ideas, y los sentimientos de miríadas de generaciones, y a quien ninguna forma de pensamiento es ajena, ningún impulso emocional oscuro? ¿Y quién es el verdadero hombre de cultura, sino aquel que mediante una fina erudición y un fastidioso rechazo ha hecho que el instinto sea consciente de sí mismo e inteligente, y puede separar la obra que tiene distinción de la que no la tiene, y así, mediante el contacto y la comparación, se hace dueño de los secretos del estilo y de la escuela, y comprende sus significados, y escucha sus voces, y desarrolla ese espíritu de curiosidad desinteresada que es la verdadera raíz, como es la verdadera flor, de la vida intelectual, y así alcanza la claridad intelectual, y, habiendo aprendido «lo mejor que se sabe y se piensa en el mundo», vive —no es fantasioso decirlo— con aquellos que son los Inmortales.

Sí, Ernest, la vida contemplativa, la vida que tiene por objetivo no *hacer*, sino *ser*, y no meramente *ser*, sino *llegar a ser...* eso es lo que puede darnos el espíritu crítico. Los dioses viven así: o cavilando sobre su propia perfección, como nos dice Aristóteles, o, como fantaseaba Epicuro, observando con los ojos tranquilos del espectador la tragicomedia del mundo que han hecho. Nosotros también podríamos vivir como ellos, y disponernos a presenciar con emociones apropiadas las variadas escenas que nos ofrecen el hombre y la naturaleza. Podríamos hacernos espirituales desprendiéndonos de la acción y llegar a ser perfectos mediante el rechazo de la energía. A menudo me ha parecido que Browning sentía algo de esto. Shakespeare lanza a Hamlet a la vida activa y le hace realizar su misión mediante el esfuerzo. Browning podría habernos dado un Hamlet que hubiera realizado su misión mediante el pensamiento. El incidente y el acontecimiento eran para él irreales o carentes de significado. Hizo del alma el protagonista de la tragedia de la vida, y consideró la acción como el único elemento no dramático de una obra. Para nosotros, en todo caso, el ΒΙΟΣ ΘΕΩΡΗΤΙΚΟΣ es el verdadero ideal. Desde la alta torre del Pensamiento podemos contemplar el mundo. Tranquilo, y centrado en sí mismo, y completo, el crítico estético contempla la vida, y ninguna flecha lanzada a una aventura puede atravesar entre las junturas de su arnés. Él al menos está a salvo. Ha descubierto cómo vivir.

Is such a mode of life immoral? Yes: all the arts are immoral, except those baser forms of sensual or didactic art that seek to excite to action of evil or of good. For action of every kind belongs to the sphere of ethics. The aim of art is simply to create a mood. Is such a mode of life unpractical? Ah! it is not so easy to be unpractical as the ignorant Philistine imagines. It were well for England if it were so. There is no country in the world so much in need of unpractical people as this country of ours. With us, Thought is degraded by its constant association with practice. Who that moves in the stress and turmoil of actual existence, noisy politician, or brawling social reformer, or poor narrow-minded priest blinded by the sufferings of that unimportant section of the community among whom he has cast his lot, can seriously claim to be able to form a disinterested intellectual judgment about any one thing? Each of the professions means a prejudice. The necessity for a career forces every one to take sides. We live in the age of the overworked, and the under-educated; the age in which people are so industrious that they become absolutely stupid. And, harsh though it may sound, I cannot help saying that such people deserve their doom. The sure way of knowing nothing about life is to try to make oneself useful.

ERNEST. A charming doctrine, Gilbert.

GILBERT. I am not sure about that, but it has at least the minor merit of being true. That the desire to do good to others produces a plentiful crop of prigs is the least of the evils of which it is the cause. The prig is a very interesting psychological study, and though of all poses a moral pose is the most offensive, still to have a pose at all is something. It is a formal recognition of the importance of treating life from a definite and reasoned standpoint. That Humanitarian Sympathy wars against Nature, by securing the survival of the failure, may make the man of science loathe its facile virtues. The political economist may cry out against it for putting the improvident on the same level as the provident, and so robbing life of the strongest, because most sordid, incentive to industry. But, in the eyes of the thinker, the real harm that emotional sympathy does is that it limits knowledge, and so prevents us from solving any single social problem. We are trying at present to stave off the coming crisis, the coming revolution as my friends the Fabianists call it, by means of doles and alms. Well, when the revolution or crisis arrives, we shall

¿Es inmoral tal modo de vida? Sí, todas las artes son inmorales, excepto aquellas formas más bajas de arte sensual o didáctico que buscan excitar a la acción del mal o del bien. Pues la acción de todo tipo pertenece a la esfera de la ética. El objetivo del arte es simplemente crear un estado de ánimo. ¿Es tal modo de vida poco práctico? ¡Ah! no es tan fácil ser poco práctico como imagina el ignorante filisteo. Sería bueno para Inglaterra que así fuera. No hay país en el mundo tan necesitado de gente poco práctica como este país nuestro. Con nosotros, el pensamiento se degrada por su constante asociación con la práctica. ¿Quién que se mueva en el estrés y la agitación de la existencia real, político ruidoso, o reformador social pendenciero, o pobre sacerdote de mente estrecha cegado por los sufrimientos de ese sector sin importancia de la comunidad entre el que ha echado su suerte, puede pretender seriamente ser capaz de formarse un juicio intelectual desinteresado sobre cualquier cosa? Cada una de las profesiones significa un prejuicio. La necesidad de hacer carrera obliga a cada uno a tomar partido. Vivimos en la era del exceso de trabajo y de la falta de educación; la era en la que la gente es tan trabajadora que se vuelve absolutamente estúpida. Y, aunque suene duro, no puedo evitar decir que esas personas merecen su perdición. La forma segura de no saber nada de la vida es intentar hacerse útil.

ERNEST. Una doctrina encantadora, Gilbert.

GILBERT. No estoy seguro de ello, pero tiene al menos el pequeño mérito de ser cierta. Que el deseo de hacer el bien a los demás produzca una abundante cosecha de mojigatos es el menor de los males de los que es causa. El mojigato es un estudio psicológico muy interesante, y aunque de todas las poses una pose moral es la más ofensiva, tener una pose en absoluto es ya algo. Es un reconocimiento formal de la importancia de tratar la vida desde un punto de vista definido y razonado. Que la simpatía humanitaria luche contra la naturaleza, asegurando la supervivencia del fracaso, puede hacer que el hombre de ciencia aborrezca sus virtudes facilonas. El economista político puede clamar contra ella por poner al imprevisor al mismo nivel que al previsor, y robar así a la vida el incentivo más fuerte, aunque más sórdido, para la industria. Pero, a los ojos del pensador, el verdadero daño que hace la simpatía emocional es que limita el conocimiento, y así nos impide resolver cualquier problema social. En la actualidad intentamos alejar la crisis que se avecina, la revolución que se avecina como la llaman mis amigos los fabianistas, mediante dádivas y limosnas. Pues bien, cuando llegue la

be powerless, because we shall know nothing. And so, Ernest, let us not be deceived. England will never be civilised till she has added Utopia to her dominions. There is more than one of her colonies that she might with advantage surrender for so fair a land. What we want are unpractical people who see beyond the moment, and think beyond the day. Those who try to lead the people can only do so by following the mob. It is through the voice of one crying in the wilderness that the ways of the gods must be prepared.

But perhaps you think that in beholding for the mere joy of beholding, and contemplating for the sake of contemplation, there is something that is egotistic. If you think so, do not say so. It takes a thoroughly selfish age, like our own, to deify self-sacrifice. It takes a thoroughly grasping age, such as that in which we live, to set above the fine intellectual virtues, those shallow and emotional virtues that are an immediate practical benefit to itself. They miss their aim, too, these philanthropists and sentimentalists of our day, who are always chattering to one about one's duty to one's neighbour. For the development of the race depends on the development of the individual, and where self-culture has ceased to be the ideal, the intellectual standard is instantly lowered, and, often, ultimately lost. If you meet at dinner a man who has spent his life in educating himself—a rare type in our time, I admit, but still one occasionally to be met with—you rise from table richer, and conscious that a high ideal has for a moment touched and sanctified your days. But oh! my dear Ernest, to sit next to a man who has spent his life in trying to educate others! What a dreadful experience that is! How appalling is that ignorance which is the inevitable result of the fatal habit of imparting opinions! How limited in range the creature's mind proves to be! How it wearies us, and must weary himself, with its endless repetitions and sickly reiteration! How lacking it is in any element of intellectual growth! In what a vicious circle it always moves!

ERNEST. You speak with strange feeling, Gilbert. Have you had this dreadful experience, as you call it, lately?

GILBERT. Few of us escape it. People say that the schoolmaster is abroad. I wish to goodness he were. But the type of which, after all,

revolución o la crisis, seremos impotentes, porque no sabremos nada. Y así, Ernest, no nos dejemos engañar. Inglaterra nunca será civilizada hasta que haya añadido Utopía a sus dominios. Hay más de una de sus colonias que podría ceder con ventaja por una tierra tan justa. Lo que queremos son personas poco prácticas que vean más allá del momento y piensen más allá del día. Los que intentan dirigir al pueblo sólo pueden hacerlo siguiendo a la multitud. Es a través de la voz de alguien que clama en el desierto que deben prepararse los caminos de los dioses.

Pero tal vez pienses que en contemplar por el mero placer de contemplar, y en contemplar por contemplar, hay algo que es egoísta. Si así lo crees, no lo digas. Hace falta una época completamente egoísta, como la nuestra, para deificar el sacrificio propio. Se necesita una época completamente egoísta, como en la que vivimos, para poner por encima de las finas virtudes intelectuales, aquellas virtudes superficiales y emocionales que son un beneficio práctico inmediato para sí mismo. También fallan en su objetivo estos filántropos y sentimentalistas de nuestros días, que siempre están parloteando sobre el deber que uno tiene para con el prójimo. Porque el desarrollo de la raza depende del desarrollo del individuo, y allí donde la cultura de uno mismo ha dejado de ser el ideal, el nivel intelectual desciende instantáneamente y, a menudo, acaba perdiéndose. Si te encuentras cenando con un hombre que ha dedicado su vida a educarse a sí mismo —un tipo raro en nuestro tiempo, lo admito, pero que aún así se encuentra de vez en cuando—, te levantas de la mesa más enriquecido y consciente de que un ideal elevado ha tocado y santificado por un momento tus días. Pero ¡oh! mi querido Ernest, ¡sentarse junto a un hombre que ha pasado su vida tratando de educar a otros! ¡Qué espantosa experiencia es ésa! ¡Cuán espantosa es esa ignorancia que es el resultado inevitable del hábito fatal de impartir opiniones! ¡Qué limitada en su alcance resulta ser la mente de la criatura! ¡Cómo nos cansa, y debe cansarse, con sus interminables repeticiones y su enfermiza reiteración! ¡Cuán carente está de cualquier elemento de crecimiento intelectual! ¡En qué círculo vicioso se mueve siempre!

ERNEST. Hablas con extraño sentimiento, Gilbert. ¿Has tenido esta espantosa experiencia, como tú la llamas, últimamente?

GILBERT. Pocos de nosotros escapamos a ello. La gente dice que el verdadero maestro está en el extranjero. Ojalá lo estuviera. Pero el tipo

he is only one, and certainly the least important, of the representatives, seems to me to be really dominating our lives; and just as the philanthropist is the nuisance of the ethical sphere, so the nuisance of the intellectual sphere is the man who is so occupied in trying to educate others, that he has never had any time to educate himself. No, Ernest, self-culture is the true ideal of man. Goethe saw it, and the immediate debt that we owe to Goethe is greater than the debt we owe to any man since Greek days. The Greeks saw it, and have left us, as their legacy to modern thought, the conception of the contemplative life as well as the critical method by which alone can that life be truly realised. It was the one thing that made the Renaissance great, and gave us Humanism. It is the one thing that could make our own age great also; for the real weakness of England lies, not in incomplete armaments or unfortified coasts, not in the poverty that creeps through sunless lanes, or the drunkenness that brawls in loathsome courts, but simply in the fact that her ideals are emotional and not intellectual.

I do not deny that the intellectual ideal is difficult of attainment, still less that it is, and perhaps will be for years to come, unpopular with the crowd. It is so easy for people to have sympathy with suffering. It is so difficult for them to have sympathy with thought. Indeed, so little do ordinary people understand what thought really is, that they seem to imagine that, when they have said that a theory is dangerous, they have pronounced its condemnation, whereas it is only such theories that have any true intellectual value. An idea that is not dangerous is unworthy of being called an idea at all.

ERNEST. Gilbert, you bewilder me. You have told me that all art is, in its essence, immoral. Are you going to tell me now that all thought is, in its essence, dangerous?

GILBERT. Yes, in the practical sphere it is so. The security of society lies in custom and unconscious instinct, and the basis of the stability of society, as a healthy organism, is the complete absence of any intelligence amongst its members. The great majority of people being fully aware of this, rank themselves naturally on the side of that splendid system that elevates them to the dignity of machines, and rage so wildly against the intrusion of the intellectual faculty into any

del que, después de todo, él es sólo uno, y ciertamente el menos importante, de los representantes, me parece que realmente domina nuestras vidas; y así como el filántropo es la molestia de la esfera ética, la molestia de la esfera intelectual es el hombre que está tan ocupado en tratar de educar a otros, que nunca ha tenido tiempo para educarse a sí mismo. No, Ernest, la autoeducación es el verdadero ideal del hombre. Goethe lo vio, y la deuda inmediata que tenemos con Goethe es mayor que la deuda que tenemos con cualquier hombre desde la época griega. Los griegos lo vieron, y nos han dejado, como legado al pensamiento moderno, la concepción de la vida contemplativa, así como el método crítico mediante el cual sólo esa vida puede realizarse verdaderamente. Fue lo único que hizo grande al Renacimiento y nos dio el Humanismo. Es lo único que podría hacer grande también a nuestra propia época; porque la verdadera debilidad de Inglaterra no reside en armamentos incompletos o costas sin fortificar, ni en la pobreza que se arrastra por callejuelas sin sol, ni en la embriaguez que campa a sus anchas en cortes repugnantes, sino simplemente en el hecho de que sus ideales son emocionales y no intelectuales.

No niego que el ideal intelectual sea difícil de alcanzar, y menos aún que sea, y quizá lo sea durante años, impopular entre la multitud. Es tan fácil para la gente sentir simpatía por el sufrimiento. Es tan difícil para la gente tener simpatía con el pensamiento. De hecho, la gente corriente entiende tan poco lo que es realmente el pensamiento que parece imaginar que, cuando ha dicho que una teoría es peligrosa, ha pronunciado su condena, cuando son sólo esas teorías las que tienen un verdadero valor intelectual. Una idea que no es peligrosa es indigna de ser llamada idea en absoluto.

ERNEST. Gilbert, me desconciertas. Me has dicho que todo arte es, en su esencia, inmoral. ¿Vas a decirme ahora que todo pensamiento es, en su esencia, peligroso?

GILBERT. Sí, en la esfera práctica es así. La seguridad de la sociedad reside en la costumbre y el instinto inconsciente, y la base de la estabilidad de la sociedad, como organismo sano, es la ausencia total de inteligencia entre sus miembros. La gran mayoría de la gente, plenamente consciente de ello, se sitúa naturalmente del lado de ese espléndido sistema que los eleva a la dignidad de máquinas, y se rebela tan salvajemente contra la intrusión de la facultad intelectual en cualquier

question that concerns life, that one is tempted to define man as a rational animal who always loses his temper when he is called upon to act in accordance with the dictates of reason. But let us turn from the practical sphere, and say no more about the wicked philanthropists, who, indeed, may well be left to the mercy of the almond-eyed sage of the Yellow River Chuang Tsu the wise, who has proved that such well-meaning and offensive busybodies have destroyed the simple and spontaneous virtue that there is in man. They are a wearisome topic, and I am anxious to get back to the sphere in which criticism is free.

ERNEST. The sphere of the intellect?

GILBERT. Yes. You remember that I spoke of the critic as being in his own way as creative as the artist, whose work, indeed, may be merely of value in so far as it gives to the critic a suggestion for some new mood of thought and feeling which he can realise with equal, or perhaps greater, distinction of form, and, through the use of a fresh medium of expression, make differently beautiful and more perfect. Well, you seemed to be a little sceptical about the theory. But perhaps I wronged you?

ERNEST. I am not really sceptical about it, but I must admit that I feel very strongly that such work as you describe the critic producing—and creative such work must undoubtedly be admitted to be—is, of necessity, purely subjective, whereas the greatest work is objective always, objective and impersonal.

GILBERT. The difference between objective and subjective work is one of external form merely. It is accidental, not essential. All artistic creation is absolutely subjective. The very landscape that Corot looked at was, as he said himself, but a mood of his own mind; and those great figures of Greek or English drama that seem to us to possess an actual existence of their own, apart from the poets who shaped and fashioned them, are, in their ultimate analysis, simply the poets themselves, not as they thought they were, but as they thought they were not; and by such thinking came in strange manner, though but for a moment, really so to be. For out of ourselves we can never pass, nor can there be in creation what in the creator was not. Nay, I would say that the more objective a creation appears

cuestión que concierna a la vida, que uno se siente tentado a definir al hombre como un animal racional que siempre pierde los estribos cuando se le pide que actúe de acuerdo con los dictados de la razón. Pero alejémonos de la esfera práctica, y no digamos nada más sobre los malvados filántropos, que, de hecho, bien pueden dejarse a merced del sabio de ojos almendrados del río Amarillo Chuang Tsu el sabio, que ha demostrado que tales entrometidos bienintencionados y ofensivos han destruido la virtud simple y espontánea que hay en el hombre. Constituyen un tema agotador y estoy ansioso por volver a la esfera en la que la crítica es libre.

ERNEST. ¿La esfera del intelecto?

GILBERT. Sí. Recordarás que hablé del crítico como si fuera, a su manera, tan creativo como el artista, cuya obra, de hecho, puede ser meramente de valor en la medida en que le da al crítico una sugerencia para algún nuevo estado de ánimo de pensamiento y sentimiento que él puede realizar con igual, o tal vez mayor, distinción de forma, y, mediante el uso de un nuevo medio de expresión, hacer más bello y más perfecto. Parecías un poco escéptico sobre la teoría. Pero, ¿quizás me equivoqué contigo?

ERNEST. No soy realmente escéptico al respecto, pero debo admitir que siento muy fuertemente que un trabajo como el que tú describes que produce el crítico —y hay que admitir sin duda que es creativo— es, por necesidad, puramente subjetivo, mientras que el trabajo más grande es objetivo siempre, objetivo e impersonal.

GILBERT. La diferencia entre el trabajo objetivo y el subjetivo es meramente de forma externa. Es accidental, no esencial. Toda creación artística es absolutamente subjetiva. El propio paisaje que contempló Corot no era, como él mismo dijo, sino un estado de ánimo de su propia mente; y esas grandes figuras del drama griego o inglés que nos parecen poseer una existencia real propia, aparte de los poetas que les dieron forma y las modelaron, son, en su análisis último, simplemente los propios poetas, no como pensaban que eran, sino como pensaban que no eran; y por ese pensamiento llegaron de manera extraña, aunque sólo por un momento, a ser realmente así. Pues fuera de nosotros mismos nunca podemos pasar, ni puede haber en la creación lo que en el creador no había. Es más, yo diría que cuanto más objetiva parece

to be, the more subjective it really is. Shakespeare might have met Rosencrantz and Guildenstern in the white streets of London, or seen the serving-men of rival houses bite their thumbs at each other in the open square; but Hamlet came out of his soul, and Romeo out of his passion. They were elements of his nature to which he gave visible form, impulses that stirred so strongly within him that he had, as it were perforce, to suffer them to realise their energy, not on the lower plane of actual life, where they would have been trammelled and constrained and so made imperfect, but on that imaginative plane of art where Love can indeed find in Death its rich fulfilment, where one can stab the eavesdropper behind the arras, and wrestle in a new-made grave, and make a guilty king drink his own hurt, and see one's father's spirit, beneath the glimpses of the moon, stalking in complete steel from misty wall to wall. Action being limited would have left Shakespeare unsatisfied and unexpressed; and, just as it is because he did nothing that he has been able to achieve everything, so it is because he never speaks to us of himself in his plays that his plays reveal him to us absolutely, and show us his true nature and temperament far more completely than do those strange and exquisite sonnets, even, in which he bares to crystal eyes the secret closet of his heart. Yes, the objective form is the most subjective in matter. Man is least himself when he talks in his own person. Give him a mask, and he will tell you the truth.

ERNEST. The critic, then, being limited to the subjective form, will necessarily be less able fully to express himself than the artist, who has always at his disposal the forms that are impersonal and objective.

GILBERT. Not necessarily, and certainly not at all if he recognises that each mode of criticism is, in its highest development, simply a mood, and that we are never more true to ourselves than when we are inconsistent. The aesthetic critic, constant only to the principle of beauty in all things, will ever be looking for fresh impressions, winning from the various schools the secret of their charm, bowing, it may be, before foreign altars, or smiling, if it be his fancy, at strange new gods. What other people call one's past has, no doubt, everything to do with them, but has absolutely nothing to do with oneself. The man who regards his past is a man who deserves to have no future to look forward to. When one has found expression for a mood, one has

ser una creación, más subjetiva es en realidad. Shakespeare podría haber conocido a Rosencrantz y Guildenstern en las blancas calles de Londres, o haber visto a los criados de casas rivales morderse el pulgar en la plaza abierta; pero Hamlet salió de su alma, y Romeo de su pasión. Eran elementos de su naturaleza a los que dio forma visible, impulsos que se agitaban tan fuertemente en su interior que tuvo, por así decirlo, que sufrirlos para que realizaran su energía, no en el plano inferior de la vida real, donde se habrían visto truncados y constreñidos y así se habrían hecho imperfectos, sino en ese plano imaginativo del arte donde el Amor puede, en efecto, encontrar en la Muerte su rica realización, donde uno puede apuñalar al fisgón detrás de las arras, y luchar en una tumba recién hecha, y hacer que un rey culpable beba su propia herida, y ver el espíritu del propio padre, bajo los destellos de la luna, acechando en completo acero de brumosa pared a pared. La acción limitada habría dejado a Shakespeare insatisfecho e inexpresado; y, al igual que es porque no hizo nada por lo que ha podido conseguirlo todo, es porque nunca nos habla de sí mismo en sus obras por lo que estas nos lo revelan absolutamente, y nos muestran su verdadera naturaleza y temperamento de forma mucho más completa que esos extraños y exquisitos sonetos, incluso, en los que desnuda ante los ojos de cristal el armario secreto de su corazón. Sí, la forma objetiva es la más subjetiva en la materia. El hombre es menos él mismo cuando habla en su propia persona. Dale una máscara y le dirá la verdad.

ERNEST. El crítico, pues, al estar limitado a la forma subjetiva, será necesariamente menos capaz de expresarse plenamente que el artista, que tiene siempre a su disposición las formas impersonales y objetivas.

GILBERT. No necesariamente y ciertamente no en absoluto si reconoce que cada modo de crítica es, en su desarrollo más elevado, simplemente un estado de ánimo, y que nunca somos más fieles a nosotros mismos que cuando somos incoherentes. El crítico estético, constante únicamente al principio de la belleza en todas las cosas, estará siempre buscando impresiones frescas, ganando de las diversas escuelas el secreto de su encanto, inclinándose, puede ser, ante altares extranjeros, o sonriendo, si es su capricho, a nuevos dioses extraños. Lo que los demás llaman el pasado de uno tiene, sin duda, todo que ver con ellos, pero no tiene absolutamente nada que ver con uno mismo. El hombre que considera su pasado es un hombre que merece no tener ningún futuro

done with it. You laugh; but believe me it is so. Yesterday it was Realism that charmed one. One gained from it that *nouveau frisson* which it was its aim to produce. One analysed it, explained it, and wearied of it. At sunset came the *Luministe* in painting, and the *Symboliste* in poetry, and the spirit of mediaevalism, that spirit which belongs not to time but to temperament, woke suddenly in wounded Russia, and stirred us for a moment by the terrible fascination of pain. To-day the cry is for Romance, and already the leaves are tremulous in the valley, and on the purple hill-tops walks Beauty with slim gilded feet. The old modes of creation linger, of course. The artists reproduce either themselves or each other, with wearisome iteration. But Criticism is always moving on, and the critic is always developing.

Nor, again, is the critic really limited to the subjective form of expression. The method of the drama is his, as well as the method of the *epos*. He may use dialogue, as he did who set Milton talking to Marvel on the nature of comedy and tragedy, and made Sidney and Lord Brooke discourse on letters beneath the Penshurst oaks; or adopt narration, as Mr. Pater is fond of doing, each of whose *Imaginary Portraits*—is not that the title of the book?—presents to us, under the fanciful guise of fiction, some fine and exquisite piece of criticism, one on the painter Watteau, another on the philosophy of Spinoza, a third on the Pagan elements of the early Renaissance, and the last, and in some respects the most suggestive, on the source of that *Aufklärung*, that enlightening which dawned on Germany in the last century, and to which our own culture owes so great a debt. Dialogue, certainly, that wonderful literary form which, from Plato to Lucian, and from Lucian to Giordano Bruno, and from Bruno to that grand old Pagan in whom Carlyle took such delight, the creative critics of the world have always employed, can never lose for the thinker its attraction as a mode of expression. By its means he can both reveal and conceal himself, and give form to every fancy, and reality to every mood. By its means he can exhibit the object from each point of view, and show it to us in the round, as a sculptor shows us things, gaining in this manner all the richness and reality of effect that comes from those side issues that are suddenly suggested by the central idea in its progress, and really illumine the idea more completely, or from those felicitous after-thoughts that give a fuller completeness to the central scheme, and yet convey something of the delicate charm of chance.

que esperar. Cuando uno ha encontrado expresión para un estado de ánimo, ha acabado con él. Tú te ríes; pero créeme que es así. Ayer fue el realismo lo que le encantó a uno. Uno obtenía de él ese *nouveau frisson* que era su objetivo producir. Uno lo analizaba, lo explicaba y se cansaba de él. Al atardecer llegó el *Luministe* en pintura, y el *Symboliste* en poesía, y el espíritu del medievalismo, ese espíritu que no pertenece al tiempo sino al temperamento, despertó de repente en la Rusia herida, y nos conmovió por un momento por la terrible fascinación del dolor. Hoy el grito es por el Romance, y ya las hojas tiemblan en el valle, y sobre las cimas púrpuras de las colinas camina la Belleza con esbeltos pies dorados. Los viejos modos de creación perduran, por supuesto. Los artistas se reproducen a sí mismos o entre sí, con cansina iteración. Pero la crítica siempre avanza, y el crítico siempre se desarrolla.

Tampoco en este caso el crítico se limita realmente a la forma subjetiva de expresión. El método del drama es suyo, al igual que el del *epos*. Puede utilizar el diálogo, como hizo quien puso a Milton a hablar con Marvel sobre la naturaleza de la comedia y la tragedia, e hizo que Sidney y Lord Brooke disertaran sobre letras bajo los robles de Penshurst; o adoptar la narración, como le gusta hacer a Mr. Pater, cada uno de cuyos *Retratos Imaginarios* —¿no es ése el título del libro?— nos presenta, bajo el ropaje fantasioso de la ficción, alguna pieza fina y exquisita de crítica, una sobre el pintor Watteau, otra sobre la filosofía de Spinoza, una tercera sobre los elementos paganos del Renacimiento temprano, y la última, y en algunos aspectos la más sugestiva, sobre la fuente de esa *Aufklärung*, esa iluminación que amaneció en Alemania en el siglo pasado, y con la que nuestra propia cultura tiene una deuda tan grande. El diálogo, ciertamente, esa maravillosa forma literaria que, de Platón a Luciano, y de Luciano a Giordano Bruno, y de Bruno a ese viejo gran pagano en el que Carlyle se deleitó tanto, siempre han empleado los críticos creativos del mundo, nunca puede perder para el pensador su atractivo como modo de expresión. Por sus medios puede tanto revelarse como ocultarse, y dar forma a cada fantasía, y realidad a cada estado de ánimo. Por su medio puede exhibir el objeto desde cada punto de vista, y mostrárnoslo en redondo, como un escultor nos muestra las cosas, ganando de este modo toda la riqueza y realidad de efecto que proviene de esos temas secundarios que son sugeridos repentinamente por la idea central en su progreso, y que realmente iluminan la idea más completamente, o de esos felices pensamientos posteriores que dan una completitud más plena al esquema central, y sin embargo transmiten

ERNEST. By its means, too, he can invent an imaginary antagonist, and convert him when he chooses by some absurdly sophistical argument.

GILBERT. Ah! it is so easy to convert others. It is so difficult to convert oneself. To arrive at what one really believes, one must speak through lips different from one's own. To know the truth one must imagine myriads of falsehoods. For what is Truth? In matters of religion, it is simply the opinion that has survived. In matters of science, it is the ultimate sensation. In matters of art, it is one's last mood. And you see now, Ernest, that the critic has at his disposal as many objective forms of expression as the artist has. Ruskin put his criticism into imaginative prose, and is superb in his changes and contradictions; and Browning put his into blank verse and made painter and poet yield us their secret; and M. Renan uses dialogue, and Mr. Pater fiction, and Rossetti translated into sonnet-music the colour of Giorgione and the design of Ingres, and his own design and colour also, feeling, with the instinct of one who had many modes of utterance; that the ultimate art is literature, and the finest and fullest medium that of words.

ERNEST. Well, now that you have settled that the critic has at his disposal all objective forms, I wish you would tell me what are the qualities that should characterise the true critic.

GILBERT. What would you say they were?

ERNEST. Well, I should say that a critic should above all things be fair.

GILBERT. Ah! not fair. A critic cannot be fair in the ordinary sense of the word. It is only about things that do not interest one that one can give a really unbiassed opinion, which is no doubt the reason why an unbiassed opinion is always absolutely valueless. The man who sees both sides of a question, is a man who sees absolutely nothing at all. Art is a passion, and, in matters of art, Thought is inevitably coloured by emotion, and so is fluid rather than fixed, and, depending upon fine moods and exquisite moments, cannot be narrowed into the ri-

algo del delicado encanto de la casualidad.

ERNEST. Por sus medios, también, puede inventar un antagonista imaginario, y convertirlo cuando quiera mediante algún argumento absurdamente sofístico.

GILBERT. ¡Ah! es tan fácil convertir a los demás. Es tan difícil convertirse uno mismo. Para llegar a lo que uno realmente cree, uno debe hablar a través de labios diferentes a los propios. Para conocer la verdad uno debe imaginar miríadas de falsedades. Porque, ¿qué es la verdad? En cuestiones de religión, es simplemente la opinión que ha sobrevivido. En cuestiones de ciencia, es la última sensación. En cuestiones de arte, es el último estado de ánimo. Y ahora ves, Ernest, que el crítico tiene a su disposición tantas formas objetivas de expresión como el artista. Ruskin puso su crítica en prosa imaginativa, y es soberbio en sus cambios y contradicciones; y Browning puso la suya en verso en blanco e hizo que pintor y poeta nos cedieran su secreto; y M. Renan utiliza el diálogo, y Mr. Pater la ficción, y Rossetti tradujo en música de soneto el color de Giorgione y el diseño de Ingres, y su propio diseño y color también, sintiendo, con el instinto de quien tiene muchos modos de expresión, que el arte último es la literatura, y el medio más fino y pleno el de las palabras.

ERNEST. Bien, ahora que has establecido que el crítico tiene a su disposición todas las formas objetivas, me gustaría que me dijera cuáles son las cualidades que deben caracterizar al verdadero crítico.

GILBERT. ¿Cuáles dirías que son?

ERNEST. Bueno, yo diría que un crítico debe ser justo por encima de todo.

GILBERT. ¡Ah! Justo, no. Un crítico no puede ser justo en el sentido ordinario de la palabra. Sólo sobre las cosas que no le interesan puede dar una opinión realmente imparcial, lo que sin duda es la razón por la que una opinión imparcial siempre carece absolutamente de valor. El hombre que ve los dos lados de una cuestión, es un hombre que no ve absolutamente nada. El arte es una pasión y, en cuestiones de arte, el pensamiento está inevitablemente teñido por la emoción, por lo que es fluido más que fijo y, al depender de finos estados de ánimo y momentos ex-

gidity of a scientific formula or a theological dogma. It is to the soul that Art speaks, and the soul may be made the prisoner of the mind as well as of the body. One should, of course, have no prejudices; but, as a great Frenchman remarked a hundred years ago, it is one's business in such matters to have preferences, and when one has preferences one ceases to be fair. It is only an auctioneer who can equally and impartially admire all schools of Art. No; fairness is not one of the qualities of the true critic. It is not even a condition of criticism. Each form of Art with which we come in contact dominates us for the moment to the exclusion of every other form. We must surrender ourselves absolutely to the work in question, whatever it may be, if we wish to gain its secret. For the time, we must think of nothing else, can think of nothing else, indeed.

ERNEST. The true critic will be rational, at any rate, will he not?

GILBERT. Rational? There are two ways of disliking art, Ernest. One is to dislike it. The other, to like it rationally. For Art, as Plato saw, and not without regret, creates in listener and spectator a form of divine madness. It does not spring from inspiration, but it makes others inspired. Reason is not the faculty to which it appeals. If one loves Art at all, one must love it beyond all other things in the world, and against such love, the reason, if one listened to it, would cry out. There is nothing sane about the worship of beauty. It is too splendid to be sane. Those of whose lives it forms the dominant note will always seem to the world to be pure visionaries.

ERNEST. Well, at least, the critic will be sincere.

GILBERT. A little sincerity is a dangerous thing, and a great deal of it is absolutely fatal. The true critic will, indeed, always be sincere in his devotion to the principle of beauty, but he will seek for beauty in every age and in each school, and will never suffer himself to be limited to any settled custom of thought or stereotyped mode of looking at things. He will realise himself in many forms, and by a thousand different ways, and will ever be curious of new sensations and fresh points of view. Through constant change, and through constant change alone, he will find his true unity. He will not consent to be the slave of his own opinions. For what is mind but motion in the intellectual sphere? The essence of thought, as the essence of life, is growth.

quisitos, no puede estrecharse hasta la rigidez de una fórmula científica o un dogma teológico. Es al alma a la que habla el Arte, y el alma puede hacerse prisionera de la mente tanto como del cuerpo. Uno no debería, por supuesto, tener prejuicios; pero, como señaló un gran francés hace cien años, la ocupación de uno es tener preferencias y cuando uno tiene preferencias deja de ser justo. Sólo un subastador puede admirar por igual y con imparcialidad todas las escuelas de Arte. No, la imparcialidad no es una de las cualidades del verdadero crítico. Ni siquiera es una condición de la crítica. Cada forma de Arte con la que entramos en contacto nos domina por el momento con exclusión de cualquier otra forma. Debemos entregarnos absolutamente a la obra en cuestión, sea cual sea, si queremos ganar su secreto. Por el momento, no debemos pensar en otra cosa, no podemos pensar en otra cosa, de hecho.

ERNEST. El verdadero crítico será racional, en cualquier caso, ¿no?

GILBERT. ¿Racional? Hay dos formas de que no te guste el arte, Ernest. Una es que no te guste. La otra, que te guste racionalmente. Porque el arte, como vio Platón, y no sin pesar, crea en el oyente y el espectador una forma de locura divina. No surge de la inspiración, sino que hace que otros se inspiren. La razón no es la facultad a la que apela. Si uno ama el Arte en absoluto, debe amarlo más allá de todas las demás cosas del mundo, y contra tal amor, la razón, si uno la escuchara, gritaría. No hay nada cuerdo en la adoración de la belleza. Es demasiado espléndida para ser cuerda. Aquellos de cuyas vidas constituye la nota dominante siempre parecerán al mundo unos puros visionarios.

ERNEST. Bueno, al menos, la crítica será sincera.

GILBERT. Un poco de sinceridad es algo peligroso, y una gran cantidad de ella es absolutamente fatal. El verdadero crítico, en efecto, siempre será sincero en su devoción al principio de la belleza, pero buscará la belleza en cada época y en cada escuela, y nunca se dejará limitar a ninguna costumbre establecida de pensamiento o modo estereotipado de ver las cosas. Se realizará a sí mismo de muchas formas y por mil caminos diferentes, y siempre sentirá curiosidad por nuevas sensaciones y puntos de vista frescos. A través del cambio constante, y sólo a través del cambio constante, encontrará su verdadera unidad. No consentirá ser esclavo de sus propias opiniones. Pues, ¿qué es la mente sino movimiento en la esfera intelectual? La esencia del pensamiento, como la

You must not be frightened by word, Ernest. What people call insincerity is simply a method by which we can multiply our personalities.

ERNEST. I am afraid I have not been fortunate in my suggestions.

GILBERT. Of the three qualifications you mentioned, two, sincerity and fairness, were, if not actually moral, at least on the borderland of morals, and the first condition of criticism is that the critic should be able to recognise that the sphere of Art and the sphere of Ethics are absolutely distinct and separate. When they are confused, Chaos has come again. They are too often confused in England now, and though our modern Puritans cannot destroy a beautiful thing, yet, by means of their extraordinary prurience, they can almost taint beauty for a moment. It is chiefly, I regret to say, through journalism that such people find expression. I regret it because there is much to be said in favour of modern journalism. By giving us the opinions of the uneducated, it keeps us in touch with the ignorance of the community. By carefully chronicling the current events of contemporary life, it shows us of what very little importance such events really are. By invariably discussing the unnecessary it makes us understand what things are requisite for culture, and what are not. But it should not allow poor Tartuffe to write articles upon modern art. When it does this it stultifies itself. And yet Tartuffe's articles and Chadband's notes do this good, at least. They serve to show how extremely limited is the area over which ethics, and ethical considerations, can claim to exercise influence. Science is out of the reach of morals, for her eyes are fixed upon eternal truths. Art is out of the reach of morals, for her eyes are fixed upon things beautiful and immortal and ever-changing. To morals belong the lower and less intellectual spheres. However, let these mouthing Puritans pass; they have their comic side. Who can help laughing when an ordinary journalist seriously proposes to limit the subject-matter at the disposal of the artist? Some limitation might well, and will soon, I hope, be placed upon some of our newspapers and newspaper writers. For they give us the bald, sordid, disgusting facts of life. They chronicle, with degrading avidity, the sins of the second-rate, and with the conscientiousness of the illiterate give us accurate and prosaic details of the doings of people of absolutely no interest whatsoever. But the artist, who accepts the facts of life, and yet transforms them into shapes of beauty, and makes them

esencia de la vida, es el crecimiento. No debes asustarte por esa palabra, Ernest. Lo que la gente llama insinceridad es simplemente un método mediante el cual podemos multiplicar nuestras personalidades.

ERNEST. Me temo que no he sido afortunado en mis sugerencias.

GILBERT. De las tres cualificaciones que has mencionado, dos, la sinceridad y la imparcialidad, eran, si no realmente morales, al menos estaban en la cercanía de la moral, y la primera condición de la crítica es que el crítico sea capaz de reconocer que la esfera del Arte y la esfera de la Ética son absolutamente distintas y están separadas. Cuando se confunden, el caos ha vuelto. Ahora, en Inglaterra, se confunden con demasiada frecuencia y aunque nuestros puritanos modernos no pueden destruir una cosa bella, sin embargo, por medio de su extraordinaria prurito, casi pueden manchar la belleza por un momento. Es principalmente, lamento decirlo, a través del periodismo que tales personas encuentran expresión. Lo lamento porque hay mucho que decir a favor del periodismo moderno. Al darnos las opiniones de los incultos, nos mantiene en contacto con la ignorancia de la comunidad. Al relatar cuidadosamente la actualidad de la vida contemporánea, nos muestra la escasa importancia que realmente tienen esos acontecimientos. Al discutir invariablemente lo innecesario, nos hace comprender qué cosas son necesarias para la cultura y cuáles no. Pero no debe permitir que el pobre Tartufo escriba artículos sobre el arte moderno. Cuando hace esto se embrutece a sí mismo. Y sin embargo, los artículos de Tartufo y las notas de Chadband hacen al menos este bien. Sirven para mostrar lo extremadamente limitado que es el ámbito sobre el que la ética, y las consideraciones éticas, pueden pretender ejercer su influencia. La ciencia está fuera del alcance de la moral, pues sus ojos están fijos en las verdades eternas. El arte está fuera del alcance de la moral, pues sus ojos están fijos en las cosas bellas e inmortales y siempre cambiantes. A la moral pertenecen las esferas inferiores y menos intelectuales. Sin embargo, dejemos pasar a estos puritanos de boca grande; tienen su lado cómico. ¿Quién puede evitar reírse cuando un periodista corriente propone seriamente limitar el tema a disposición del artista? Alguna limitación bien podría imponerse, y pronto lo hará, espero, a algunos de nuestros periódicos y escritores de periódicos. Porque nos ofrecen los hechos escuetos, sórdidos y repugnantes de la vida. Hacen la crónica, con una avidez degradante, de los pecados de los de segunda categoría, y con la concienzudez de los analfabetos nos dan detalles precisos

vehicles of pity or of awe, and shows their colour-element, and their wonder, and their true ethical import also, and builds out of them a world more real than reality itself, and of loftier and more noble import—who shall set limits to him? Not the apostles of that new Journalism which is but the old vulgarity 'writ large.' Not the apostles of that new Puritanism, which is but the whine of the hypocrite, and is both writ and spoken badly. The mere suggestion is ridiculous. Let us leave these wicked people, and proceed to the discussion of the artistic qualifications necessary for the true critic.

ERNEST. And what are they? Tell me yourself.

GILBERT. Temperament is the primary requisite for the critic—a temperament exquisitely susceptible to beauty, and to the various impressions that beauty gives us. Under what conditions, and by what means, this temperament is engendered in race or individual, we will not discuss at present. It is sufficient to note that it exists, and that there is in us a beauty-sense, separate from the other senses and above them, separate from the reason and of nobler import, separate from the soul and of equal value—a sense that leads some to create, and others, the finer spirits as I think, to contemplate merely. But to be purified and made perfect, this sense requires some form of exquisite environment. Without this it starves, or is dulled. You remember that lovely passage in which Plato describes how a young Greek should be educated, and with what insistence he dwells upon the importance of surroundings, telling us how the lad is to be brought up in the midst of fair sights and sounds, so that the beauty of material things may prepare his soul for the reception of the beauty that is spiritual. Insensibly, and without knowing the reason why, he is to develop that real love of beauty which, as Plato is never weary of reminding us, is the true aim of education. By slow degrees there is to be engendered in him such a temperament as will lead him naturally and simply to choose the good in preference to the bad, and, rejecting what is vulgar and discordant, to follow by fine instinctive taste all that possesses grace and charm and loveliness. Ultimately, in its due course, this taste is to become critical and self-conscious, but

y prosaicos de las acciones de personas que no tienen absolutamente ningún interés. Pero el artista, que acepta los hechos de la vida, y sin embargo los transforma en formas de belleza, y los convierte en vehículos de piedad o de sobrecogimiento, y muestra su elemento de color, y su maravilla, y también su verdadera importancia ética, y construye a partir de ellos un mundo más real que la realidad misma, y de una importancia más elevada y más noble... ¿quién le pondrá límites? No los apóstoles de ese nuevo Periodismo que no es sino la vieja vulgaridad «escrita en grandes letras». No los apóstoles de ese nuevo Puritanismo, que no es sino el quejido del hipócrita, y que se escribe y se habla mal. La mera sugerencia es ridícula. Dejemos a estos malvados, y procedamos a la discusión de las cualificaciones artísticas necesarias para el verdadero crítico.

ERNEST. ¿Y cuáles son? Dímelo tú mismo.

GILBERT. El temperamento es el requisito primordial para el crítico: un temperamento exquisitamente susceptible a la belleza y a las diversas impresiones que esta nos produce. En qué condiciones, y por qué medios, se engendra este temperamento en la raza o en el individuo, no lo discutiremos en este momento. Basta con señalar que existe, y que hay en nosotros un sentido de la belleza, separado de los otros sentidos y por encima de ellos, separado de la razón y de más noble importancia, separado del alma y de igual valor... un sentido que lleva a algunos a crear, y a otros, los espíritus más finos según creo, a contemplar meramente. Pero, para purificarse y perfeccionarse, este sentido requiere alguna forma de ambiente exquisito. Sin esto se muere de hambre, o se embota. Recordarás ese hermoso pasaje en el que Platón describe cómo debe educarse a un joven griego y con qué insistencia remarca la importancia del entorno, diciéndonos cómo debe educarse al muchacho en medio de bellas vistas y sonidos, para que la belleza de las cosas materiales prepare su alma para la recepción de la belleza que es espiritual. Insensiblemente, y sin saber por qué, ha de desarrollar ese amor real por la belleza que, como Platón no se cansa de recordarnos, es el verdadero objetivo de la educación. Gradualmente, debe engendrarse en él un temperamento tal que le lleve natural y sencillamente a elegir lo bueno con preferencia a lo malo y, rechazando lo que es vulgar y discordante, a seguir por fino gusto instintivo todo lo que posee gracia y encanto y hermosura. A la larga, en su debido curso, este gusto ha de convertirse en crítico y autoconsciente, pero al principio ha de existir

at first it is to exist purely as a cultivated instinct, and 'he who has received this true culture of the inner man will with clear and certain vision perceive the omissions and faults in art or nature, and with a taste that cannot err, while he praises, and finds his pleasure in what is good, and receives it into his soul, and so becomes good and noble, he will rightly blame and hate the bad, now in the days of his youth, even before he is able to know the reason why': and so, when, later on, the critical and self-conscious spirit develops in him, he 'will recognise and salute it as a friend with whom his education has made him long familiar.' I need hardly say, Ernest, how far we in England have fallen short of this ideal, and I can imagine the smile that would illuminate the glossy face of the Philistine if one ventured to suggest to him that the true aim of education was the love of beauty, and that the methods by which education should work were the development of temperament, the cultivation of taste, and the creation of the critical spirit.

Yet, even for us, there is left some loveliness of environment, and the dulness of tutors and professors matters very little when one can loiter in the grey cloisters at Magdalen, and listen to some flute-like voice singing in Waynfleete's chapel, or lie in the green meadow, among the strange snake-spotted fritillaries, and watch the sunburnt noon smite to a finer gold the tower's gilded vanes, or wander up the Christ Church staircase beneath the vaulted ceiling's shadowy fans, or pass through the sculptured gateway of Laud's building in the College of St. John. Nor is it merely at Oxford, or Cambridge, that the sense of beauty can be formed and trained and perfected. All over England there is a Renaissance of the decorative Arts. Ugliness has had its day. Even in the houses of the rich there is taste, and the houses of those who are not rich have been made gracious and comely and sweet to live in. Caliban, poor noisy Caliban, thinks that when he has ceased to make mows at a thing, the thing ceases to exist. But if he mocks no longer, it is because he has been met with mockery, swifter and keener than his own, and for a moment has been bitterly schooled into that silence which should seal for ever his uncouth distorted lips. What has been done up to now, has been chiefly in the clearing of the way. It is always more difficult to destroy than it is to create, and when what one has to destroy is vulgarity and stupidity, the task of destruction needs not merely courage but also contempt. Yet it seems to me to have been, in a measure, done. We have got rid

puramente como un instinto cultivado, y «quien haya recibido esta verdadera cultura del hombre interior percibirá con visión clara y certera las omisiones y los defectos del arte o de la naturaleza, y con un gusto que no puede errar, mientras alaba y encuentra su placer en lo que es bueno, y lo recibe en su alma, y así se vuelve bueno y noble, con razón reprochará y odiará lo malo, ya en los días de su juventud, incluso antes de ser capaz de conocer la razón»; y así, cuando más tarde se desarrolle en él el espíritu crítico y consciente de sí mismo, «lo reconocerá y saludará como a un amigo con el que su educación le ha hecho familiarizarse desde hace mucho tiempo». No hace falta que diga, Ernest, lo lejos que nos hemos quedado en Inglaterra de este ideal, y puedo imaginarme la sonrisa que iluminaría el lustroso rostro del filisteo si uno se aventurara a sugerirle que el verdadero objetivo de la educación era el amor a la belleza, y que los métodos por los que la educación debería funcionar eran el desarrollo del temperamento, el cultivo del gusto y la creación del espíritu crítico.

Sin embargo, incluso para nosotros, queda algo de la belleza del entorno, y la torpeza de tutores y profesores importa muy poco cuando uno puede holgazanear en los grises claustros de Magdalen, y escuchar alguna voz aflautada cantando en la capilla de Waynfleete, o tumbarse en el verde prado, entre las extrañas fritillarias con manchas de serpiente, y ver cómo el mediodía quemado por el sol golpea hasta convertir en oro más fino las aspas doradas de la torre, o pasear por la escalera de Christ Church bajo los abanicos sombríos del techo abovedado, o atravesar la puerta esculpida del edificio de Laud en el College of St. John. Tampoco es sólo en Oxford, o en Cambridge, donde el sentido de la belleza puede formarse, entrenarse y perfeccionarse. En toda Inglaterra hay un Renacimiento de las Artes decorativas. La fealdad ha tenido su día. Incluso en las casas de los ricos hay gusto, y las casas de los que no son ricos se han hecho graciosas y acogedoras y dulces para vivir en ellas. Calibán, pobre y ruidoso Calibán, cree que cuando ha dejado de burlarse de una cosa, la cosa deja de existir. Pero si ya no se burla, es porque se ha encontrado con una burla más rápida y aguda que la suya, y por un momento ha sido amargamente escarmentado en ese silencio que debería sellar para siempre sus groseros labios distorsionados. Lo que se ha hecho hasta ahora, ha sido principalmente despejar el camino. Siempre es más difícil destruir que crear, y cuando lo que uno tiene que destruir es la vulgaridad y la estupidez, la tarea de destrucción no sólo requiere valor, sino también desprecio. Sin embargo, me parece

of what was bad. We have now to make what is beautiful. And though the mission of the aesthetic movement is to lure people to contemplate, not to lead them to create, yet, as the creative instinct is strong in the Celt, and it is the Celt who leads in art, there is no reason why in future years this strange Renaissance should not become almost as mighty in its way as was that new birth of Art that woke many centuries ago in the cities of Italy.

Certainly, for the cultivation of temperament, we must turn to the decorative arts: to the arts that touch us, not to the arts that teach us. Modern pictures are, no doubt, delightful to look at. At least, some of them are. But they are quite impossible to live with; they are too clever, too assertive, too intellectual. Their meaning is too obvious, and their method too clearly defined. One exhausts what they have to say in a very short time, and then they become as tedious as one's relations. I am very fond of the work of many of the Impressionist painters of Paris and London. Subtlety and distinction have not yet left the school. Some of their arrangements and harmonies serve to remind one of the unapproachable beauty of Gautier's immortal *Symphonie en Blanc Majeur,* that flawless masterpiece of colour and music which may have suggested the type as well as the titles of many of their best pictures. For a class that welcomes the incompetent with sympathetic eagerness, and that confuses the bizarre with the beautiful, and vulgarity with truth, they are extremely accomplished. They can do etchings that have the brilliancy of epigrams, pastels that are as fascinating as paradoxes, and as for their portraits, whatever the commonplace may say against them, no one can deny that they possess that unique and wonderful charm which belongs to works of pure fiction. But even the Impressionists, earnest and industrious as they are, will not do. I like them. Their white keynote, with its variations in lilac, was an era in colour. Though the moment does not make the man, the moment certainly makes the Impressionist, and for the moment in art, and the 'moment's monument,' as Rossetti phrased it, what may not be said? They are suggestive also. If they have not opened the eyes of the blind, they have at least given great encouragement to the short-sighted, and while their leaders may have all the inexperience of old age, their young men are far too wise to be ever sensible. Yet they will insist on treating painting as if it were a mode of autobiography invented for the use of the illiterate, and are

que, en cierta medida, se ha hecho. Nos hemos deshecho de lo que era malo. Ahora tenemos que hacer lo que es bello. Y aunque la misión del movimiento estético es atraer a la gente a la contemplación, no llevarla a la creación, sin embargo, como el instinto creativo es fuerte en el celta, y es el celta quien lidera en el arte, no hay razón para que en años futuros este extraño Renacimiento no se convierta en algo casi tan poderoso a su manera como lo fue aquel nuevo nacimiento del Arte que despertó hace muchos siglos en las ciudades de Italia.

Ciertamente, para el cultivo del temperamento, debemos recurrir a las artes decorativas; a las artes que nos conmueven, no a las artes que nos enseñan. Los cuadros modernos son, sin duda, deliciosos de mirar. Al menos, algunos de ellos lo son. Pero es imposible convivir con ellos; son demasiado inteligentes, demasiado asertivos, demasiado intelectuales. Su significado es demasiado obvio y su método está definido con demasiada claridad. Uno agota lo que tienen que decir en muy poco tiempo, y entonces se vuelven tan tediosos como sus relaciones. Me gusta mucho la obra de muchos de los pintores impresionistas de París y Londres. La sutileza y la distinción aún no han abandonado la escuela. Algunos de sus arreglos y armonías sirven para recordarle a uno la belleza inabordable de la inmortal *Symphonie en Blanc Majeur* de Gautier, esa obra maestra impecable de color y música que puede haber sugerido el tipo así como los títulos de muchos de sus mejores cuadros. Para una clase que acoge a los incompetentes con simpática avidez, y que confunde lo extraño con lo bello, y la vulgaridad con la verdad, son extremadamente consumados. Pueden hacer grabados que tienen la brillantez de los epigramas, pasteles que son tan fascinantes como las paradojas, y en cuanto a sus retratos, diga lo que diga el vulgo en su contra, nadie puede negar que poseen ese encanto único y maravilloso que pertenece a las obras de pura ficción. Pero ni siquiera los impresionistas, por muy serios y laboriosos que sean, logran hacerlo. A mí me gustan. Su nota dominante blanca, con sus variaciones en lila, fue toda una época en color. Aunque el momento no hace al hombre, el momento ciertamente hace al impresionista, y para el momento en el arte, y el «monumento del momento», como lo expresó Rossetti, ¿qué no se puede decir? También son sugerentes. Si no han abierto los ojos a los ciegos, al menos han dado un gran estímulo a los miopes, y aunque sus líderes puedan tener toda la inexperiencia de la vejez, sus jóvenes son demasiado sabios para ser nunca sensatos. Sin embargo, insistirán en tratar la pintura como si fuera un modo de autobiografía inventado para

always prating to us on their coarse gritty canvases of their unnecessary selves and their unnecessary opinions, and spoiling by a vulgar over-emphasis that fine contempt of nature which is the best and only modest thing about them. One tires, at the end, of the work of individuals whose individuality is always noisy, and generally uninteresting. There is far more to be said in favour of that newer school at Paris, the *Archaicistes*, as they call themselves, who, refusing to leave the artist entirely at the mercy of the weather, do not find the ideal of art in mere atmospheric effect, but seek rather for the imaginative beauty of design and the loveliness of fair colour, and rejecting the tedious realism of those who merely paint what they see, try to see something worth seeing, and to see it not merely with actual and physical vision, but with that nobler vision of the soul which is as far wider in spiritual scope as it is far more splendid in artistic purpose. They, at any rate, work under those decorative conditions that each art requires for its perfection, and have sufficient aesthetic instinct to regret those sordid and stupid limitations of absolute modernity of form which have proved the ruin of so many of the Impressionists. Still, the art that is frankly decorative is the art to live with. It is, of all our visible arts, the one art that creates in us both mood and temperament. Mere colour, unspoiled by meaning, and unallied with definite form, can speak to the soul in a thousand different ways. The harmony that resides in the delicate proportions of lines and masses becomes mirrored in the mind. The repetitions of pattern give us rest. The marvels of design stir the imagination. In the mere loveliness of the materials employed there are latent elements of culture. Nor is this all. By its deliberate rejection of Nature as the ideal of beauty, as well as of the imitative method of the ordinary painter, decorative art not merely prepares the soul for the reception of true imaginative work, but develops in it that sense of form which is the basis of creative no less than of critical achievement. For the real artist is he who proceeds, not from feeling to form, but from form to thought and passion. He does not first conceive an idea, and then say to himself, 'I will put my idea into a complex metre of fourteen lines,' but, realising the beauty of the sonnet-scheme, he conceives certain modes of music and methods of rhyme, and the mere form suggests what is to fill it and make it intellectually and emotionally complete. From time to time the world cries out against some charming artistic poet, because, to use its hackneyed and silly phrase, he has 'nothing to say.' But if he had something to say, he would probably say it, and

el uso de los analfabetos, y siempre están alardeando ante nosotros en sus toscos lienzos arenosos de sus innecesarios yoes y sus innecesarias opiniones, y estropeando con un vulgar énfasis excesivo ese fino desprecio de la naturaleza que es lo mejor y lo único modesto de ellos. Uno se cansa, al final, de la obra de individuos cuya individualidad es siempre ruidosa, y generalmente carente de interés. Hay mucho más que decir a favor de esa escuela más reciente de París, los *Archaicistes*, como se llaman a sí mismos, que, negándose a dejar al artista totalmente a merced del tiempo, no encuentran el ideal del arte en el mero efecto atmosférico, sino que buscan más bien la belleza imaginativa del diseño y la belleza del color, y rechazando el tedioso realismo de quienes se limitan a pintar lo que ven, intentan ver algo que merezca la pena ver, y verlo no sólo con la visión real y física, sino con esa visión más noble del alma que es tanto más amplia en su alcance espiritual como mucho más espléndida en su propósito artístico. Ellos, en cualquier caso, trabajan bajo esas condiciones decorativas que cada arte requiere para su perfección, y tienen suficiente instinto estético para lamentar esas sórdidas y estúpidas limitaciones de modernidad absoluta de la forma que han demostrado ser la ruina de tantos de los impresionistas. Aun así, el arte francamente decorativo es el arte con el que hay que vivir. Es, de todas nuestras artes visibles, el único arte que crea en nosotros tanto estado de ánimo como temperamento. El mero color, desprovisto de significado y de una forma definida, puede hablar al alma de mil maneras diferentes. La armonía que reside en las delicadas proporciones de líneas y masas se refleja en la mente. Las repeticiones del patrón nos dan descanso. Las maravillas del diseño avivan la imaginación. En la mera belleza de los materiales empleados hay elementos latentes de cultura. Y esto no es todo. Por su rechazo deliberado de la Naturaleza como ideal de belleza, así como del método imitativo del pintor ordinario, el arte decorativo no sólo prepara el alma para la recepción del verdadero trabajo imaginativo, sino que desarrolla en ella ese sentido de la forma que es la base del logro creativo no menos que del crítico. Porque el verdadero artista es aquel que procede, no del sentimiento a la forma, sino de la forma al pensamiento y a la pasión. No concibe primero una idea y luego se dice a sí mismo: «Pondré mi idea en una métrica compleja de catorce versos», sino que, al darse cuenta de la belleza del esquema del soneto, concibe ciertos modos de música y métodos de rima, y la mera forma sugiere lo que ha de llenarla y hacerla intelectual y emocionalmente completa. De vez en cuando, el mundo clama contra algún encantador poeta artístico porque, para utilizar su manida y tonta frase,

the result would be tedious. It is just because he has no new message, that he can do beautiful work. He gains his inspiration from form, and from form purely, as an artist should. A real passion would ruin him. Whatever actually occurs is spoiled for art. All bad poetry springs from genuine feeling. To be natural is to be obvious, and to be obvious is to be inartistic.

ERNEST. I wonder do you really believe what you say?

GILBERT. Why should you wonder? It is not merely in art that the body is the soul. In every sphere of life Form is the beginning of things. The rhythmic harmonious gestures of dancing convey, Plato tells us, both rhythm and harmony into the mind. Forms are the food of faith, cried Newman in one of those great moments of sincerity that make us admire and know the man. He was right, though he may not have known how terribly right he was. The Creeds are believed, not because they are rational, but because they are repeated. Yes: Form is everything. It is the secret of life. Find expression for a sorrow, and it will become dear to you. Find expression for a joy, and you intensify its ecstasy. Do you wish to love? Use Love's Litany, and the words will create the yearning from which the world fancies that they spring. Have you a grief that corrodes your heart? Steep yourself in the Language of grief, learn its utterance from Prince Hamlet and Queen Constance, and you will find that mere expression is a mode of consolation, and that Form, which is the birth of passion, is also the death of pain. And so, to return to the sphere of Art, it is Form that creates not merely the critical temperament, but also the aesthetic instinct, that unerring instinct that reveals to one all things under their conditions of beauty. Start with the worship of form, and there is no secret in art that will not be revealed to you, and remember that in criticism, as in creation, temperament is everything, and that it is, not by the time of their production, but by the temperaments to which they appeal, that the schools of art should be historically grouped.

ERNEST. Your theory of education is delightful. But what influence will your critic, brought up in these exquisite surroundings, possess? Do you really think that any artist is ever affected by criticism?

no tiene «nada que decir». Pero si tuviera algo que decir, probablemente lo diría, y el resultado sería tedioso. Precisamente porque no tiene ningún mensaje nuevo, puede hacer obras hermosas. Obtiene su inspiración de la forma, y de la forma puramente, como debe hacer un artista. Una verdadera pasión lo arruinaría. Lo que realmente ocurre se echa a perder para el arte. Toda mala poesía surge de un sentimiento genuino. Ser natural es ser obvio, y ser obvio es ser inartístico.

ERNEST. Me pregunto si realmente crees lo que dices.

GILBERT. ¿Por qué deberías preguntártelo? No sólo en el arte el cuerpo es el alma. En todas las esferas de la vida, la forma es el principio de las cosas. Los gestos rítmicos y armoniosos de la danza transmiten, nos dice Platón, tanto el ritmo como la armonía a la mente. Las formas son el alimento de la fe, clamó Newman en uno de esos grandes momentos de sinceridad que nos hacen admirar y conocer al hombre. Tenía razón, aunque puede que no supiera lo terriblemente acertado que estaba. Los Credos se creen, no porque sean racionales, sino porque se repiten. Sí, la forma lo es todo. Es el secreto de la vida. Encuentra expresión para una pena, y se convertirá en algo querido para ti. Encuentra expresión para una alegría, e intensificará tu éxtasis. ¿Deseas amar? Utiliza la Letanía del Amor, y las palabras crearán el anhelo del que el mundo imagina que brotan. ¿Tienes una pena que te corroe el corazón? Hazte del Lenguaje de la pena, aprende su pronunciación del Príncipe Hamlet y de la Reina Constanza, y descubrirás que la mera expresión es un modo de consuelo, y que la Forma, que es el nacimiento de la pasión, es también la muerte del dolor. Y así, para volver a la esfera del Arte, es la Forma la que crea no sólo el temperamento crítico sino también el instinto estético, ese instinto infalible que le revela a uno todas las cosas en sus condiciones de belleza. Empieza por el culto a la forma, y no habrá secreto en el arte que no te sea revelado, y recuerda que en la crítica, como en la creación, el temperamento lo es todo, y que es, no por la época de su producción, sino por los temperamentos a los que apelan, por lo que las escuelas de arte deben agruparse históricamente.

ERNEST. Tu teoría de la educación es encantadora. Pero, ¿qué influencia tendrá tu crítica, educada en este exquisito entorno? ¿Realmente crees que algún artista se ve afectado por la crítica?

GILBERT. The influence of the critic will be the mere fact of his own existence. He will represent the flawless type. In him the culture of the century will see itself realised. You must not ask of him to have any aim other than the perfecting of himself. The demand of the intellect, as has been well said, is simply to feel itself alive. The critic may, indeed, desire to exercise influence; but, if so, he will concern himself not with the individual, but with the age, which he will seek to wake into consciousness, and to make responsive, creating in it new desires and appetites, and lending it his larger vision and his nobler moods. The actual art of to-day will occupy him less than the art of to-morrow, far less than the art of yesterday, and as for this or that person at present toiling away, what do the industrious matter? They do their best, no doubt, and consequently we get the worst from them. It is always with the best intentions that the worst work is done. And besides, my dear Ernest, when a man reaches the age of forty, or becomes a Royal Academician, or is elected a member of the Athenaeum Club, or is recognised as a popular novelist, whose books are in great demand at suburban railway stations, one may have the amusement of exposing him, but one cannot have the pleasure of reforming him. And this is, I dare say, very fortunate for him; for I have no doubt that reformation is a much more painful process than punishment, is indeed punishment in its most aggravated and moral form—a fact which accounts for our entire failure as a community to reclaim that interesting phenomenon who is called the confirmed criminal.

ERNEST. But may it not be that the poet is the best judge of poetry, and the painter of painting? Each art must appeal primarily to the artist who works in it. His judgment will surely be the most valuable?

GILBERT. The appeal of all art is simply to the artistic temperament. Art does not address herself to the specialist. Her claim is that she is universal, and that in all her manifestations she is one. Indeed, so far from its being true that the artist is the best judge of art, a really great artist can never judge of other people's work at all, and can hardly, in fact, judge of his own. That very concentration of vision that makes a man an artist, limits by its sheer intensity his faculty of fine appreciation. The energy of creation hurries him blindly on to his own goal. The wheels of his chariot raise the dust as a cloud around him. The gods are hidden from each other. They can recognise their worship-

GILBERT. La influencia del crítico será el mero hecho de su propia existencia. Representará el tipo impecable. En él se verá realizada la cultura del siglo. No debe pedírsele otro objetivo que el perfeccionamiento de sí mismo. La exigencia del intelecto, como bien se ha dicho, es simplemente sentirse vivo. El crítico puede, en efecto, desear ejercer influencia pero, si es así, no se ocupará del individuo, sino de la época, a la que tratará de despertar a la conciencia y hacerla receptiva, creando en ella nuevos deseos y apetitos, y prestándole su visión más amplia y sus estados de ánimo más nobles. El arte actual le ocupará menos que el arte de mañana, mucho menos que el arte de ayer, y en cuanto a esta o aquella persona que actualmente se afana, ¿qué importan los laboriosos? Hacen lo que pueden, sin duda, y en consecuencia obtenemos lo peor de ellos. Siempre se hace el peor trabajo con las mejores intenciones. Y además, mi querido Ernest, cuando un hombre alcanza la edad de cuarenta años, o se convierte en Académico Real, o es elegido miembro del Athenaeum Club, o es reconocido como un novelista popular, cuyos libros son muy solicitados en las estaciones de tren suburbanas, uno puede tener la diversión de exponerlo, pero no puede tener el placer de reformarlo. Y esto es, me atrevería a decir, muy afortunado para él; porque no tengo ninguna duda de que la reforma es un proceso mucho más doloroso que el castigo, es de hecho el castigo en su forma más agravada y moral, un hecho que explica todo nuestro fracaso como comunidad a la hora de recuperar a ese interesante fenómeno que se llama el criminal empedernido.

ERNEST. ¿Pero no será que el poeta es el mejor juez de la poesía, y el pintor de la pintura? Cada arte debe apelar principalmente al artista que trabaja en él. ¿Su juicio será seguramente el más valioso?

GILBERT. El atractivo de todo arte se dirige simplemente al temperamento artístico. El arte no se dirige al especialista. Su pretensión es que es universal, y que en todas sus manifestaciones es una. De hecho, lejos de ser cierto que el artista es el mejor juez del arte, un artista realmente grande nunca puede juzgar en absoluto el trabajo de los demás y, de hecho, apenas puede juzgar el suyo propio. Esa misma concentración de la visión que hace de un hombre un artista, limita por su pura intensidad su facultad de apreciación fina. La energía de la creación le precipita ciegamente hacia su propia meta. Las ruedas de su carroza levantan el polvo como una nube a su alrededor. Los dioses se ocultan unos a otros.

pers. That is all.

ERNEST. You say that a great artist cannot recognise the beauty of work different from his own.

GILBERT. It is impossible for him to do so. Wordsworth saw in *Endymion* merely a pretty piece of Paganism, and Shelley, with his dislike of actuality, was deaf to Wordsworth's message, being repelled by its form, and Byron, that great passionate human incomplete creature, could appreciate neither the poet of the cloud nor the poet of the lake, and the wonder of Keats was hidden from him. The realism of Euripides was hateful to Sophokles. Those droppings of warm tears had no music for him. Milton, with his sense of the grand style, could not understand the method of Shakespeare, any more than could Sir Joshua the method of Gainsborough. Bad artists always admire each other's work. They call it being large-minded and free from prejudice. But a truly great artist cannot conceive of life being shown, or beauty fashioned, under any conditions other than those that he has selected. Creation employs all its critical faculty within its own sphere. It may not use it in the sphere that belongs to others. It is exactly because a man cannot do a thing that he is the proper judge of it.

ERNEST. Do you really mean that?

GILBERT. Yes, for creation limits, while contemplation widens, the vision.

ERNEST. But what about technique? Surely each art has its separate technique?

GILBERT. Certainly: each art has its grammar and its materials. There is no mystery about either, and the incompetent can always be correct. But, while the laws upon which Art rests may be fixed and certain, to find their true realisation they must be touched by the imagination into such beauty that they will seem an exception, each one of them. Technique is really personality. That is the reason why the artist cannot teach it, why the pupil cannot learn it, and why the aesthetic critic can understand it. To the great poet, there is only one method of music—his own. To the great painter, there is only one

Pueden reconocer a sus adoradores. Eso es todo.

ERNEST. Tú dices que un gran artista no puede reconocer la belleza de una obra diferente a la suya.

GILBERT. Es imposible que lo haga. Wordsworth vio en *Endimión* una mera pieza bonita de paganismo, y Shelley, con su aversión a la actualidad, hizo oídos sordos al mensaje de Wordsworth, pues le repugnaba su forma, y Byron, esa gran criatura humana apasionada e incompleta, no pudo apreciar ni al poeta de la nube ni al poeta del lago, y la maravilla de Keats le fue ocultada. El realismo de Eurípides era odioso para Sófocles. Las gotas de cálidas lágrimas no tenían música para él. Milton, con su sentido del gran estilo, no podía entender el método de Shakespeare, como tampoco Sir Joshua podía entender el método de Gainsborough. Los malos artistas siempre admiran el trabajo de los demás. Lo llaman ser amplios de miras y estar libres de prejuicios. Pero un artista verdaderamente grande no puede concebir que la vida se muestre, o que la belleza se modele, en otras condiciones que no sean las que él ha seleccionado. La creación emplea toda su facultad crítica dentro de su propia esfera. No puede utilizarla en la esfera que pertenece a otros. Es precisamente porque un hombre no puede hacer una cosa por lo que es el juez apropiado de ella.

ERNEST. ¿Lo dices en serio?

GILBERT. Sí, porque la creación limita, mientras que la contemplación amplía, la visión.

ERNEST. Pero, ¿qué hay de la técnica? ¿Seguro que cada arte tiene su propia técnica?

GILBERT. Ciertamente, cada arte tiene su gramática y sus materiales. No hay misterio en ninguno de los dos, y el incompetente siempre puede estar en lo correcto. Pero, aunque las leyes sobre las que descansa el arte puedan ser fijas y ciertas, para encontrar su verdadera realización deben ser tocadas por la imaginación hasta tal belleza que parezcan una excepción, cada una de ellas. La técnica es realmente personalidad. Esa es la razón por la que el artista no puede enseñarla, por la que el alumno no puede aprenderla y por la que el crítico estético no puede comprenderla. Para el gran poeta, sólo existe un método musical: el suyo. Para el

manner of painting—that which he himself employs. The aesthetic critic, and the aesthetic critic alone, can appreciate all forms and modes. It is to him that Art makes her appeal.

ERNEST. Well, I think I have put all my questions to you. And now I must admit -

GILBERT. Ah! don't say that you agree with me. When people agree with me I always feel that I must be wrong.

ERNEST. In that case I certainly won't tell you whether I agree with you or not. But I will put another question. You have explained to me that criticism is a creative art. What future has it?

GILBERT. It is to criticism that the future belongs. The subject-matter at the disposal of creation becomes every day more limited in extent and variety. Providence and Mr. Walter Besant have exhausted the obvious. If creation is to last at all, it can only do so on the condition of becoming far more critical than it is at present. The old roads and dusty highways have been traversed too often. Their charm has been worn away by plodding feet, and they have lost that element of novelty or surprise which is so essential for romance. He who would stir us now by fiction must either give us an entirely new background, or reveal to us the soul of man in its innermost workings. The first is for the moment being done for us by Mr. Rudyard Kipling. As one turns over the pages of his *Plain Tales from the Hills*, one feels as if one were seated under a palm-tree reading life by superb flashes of vulgarity. The bright colours of the bazaars dazzle one's eyes. The jaded, second-rate Anglo-Indians are in exquisite incongruity with their surroundings. The mere lack of style in the story-teller gives an odd journalistic realism to what he tells us. From the point of view of literature Mr. Kipling is a genius who drops his aspirates. From the point of view of life, he is a reporter who knows vulgarity better than any one has ever known it. Dickens knew its clothes and its comedy. Mr. Kipling knows its essence and its seriousness. He is our first authority on the second-rate, and has seen marvellous things through keyholes, and his backgrounds are real works of art. As for the second condition, we have had Browning, and Meredith is with us. But there is still much to be done in the sphere of introspection. People sometimes say that fiction is getting too morbid. As far as

gran pintor, sólo hay una manera de pintar... la que él mismo emplea. El crítico estético, y sólo él, puede apreciar todas las formas y modos. Es a él a quien el Arte hace su llamamiento.

ERNEST. Bueno, creo que ya te he planteado todas mis preguntas. Y ahora debo admitir...

GILBERT. ¡Ah! No digas que estás de acuerdo conmigo. Cuando la gente está de acuerdo conmigo siempre siento que debo estar equivocado.

ERNEST. En ese caso desde luego no te diré si estoy de acuerdo contigo o no. Pero te plantearé otra cuestión. Tú me has explicado que la crítica es un arte creativo. ¿Qué futuro tiene?

GILBERT. El futuro pertenece a la crítica. El tema a disposición de la creación se vuelve cada día más limitado en extensión y variedad. La Providencia y Mr. Walter Besant han agotado lo obvio. Si la creación ha de perdurar, sólo podrá hacerlo a condición de volverse mucho más crítica de lo que es en la actualidad. Los viejos caminos y las polvorientas carreteras han sido recorridos con demasiada frecuencia. Su encanto se ha desgastado por el andar pesado, y han perdido ese elemento de novedad o sorpresa que es tan esencial para el romance. El que quiera conmovernos ahora con la ficción debe, o bien darnos un trasfondo totalmente nuevo, o bien revelarnos el alma del hombre en su funcionamiento más íntimo. Lo primero lo hace por el momento para nosotros Mr. Rudyard Kipling. Al pasar las páginas de sus *Cuentos sencillos de las colinas,* uno se siente como si estuviera sentado bajo una palmera leyendo la vida con soberbios destellos de vulgaridad. Los brillantes colores de los bazares deslumbran los ojos. Los hastiados angloindios de segunda categoría están en exquisita incongruencia con su entorno. La mera falta de estilo del narrador confiere un extraño realismo periodístico a lo que nos cuenta. Desde el punto de vista de la literatura, Mr. Kipling es un genio al que se le escucha el acento. Desde el punto de vista de la vida, es un reportero que conoce la vulgaridad mejor de lo que nadie la ha conocido jamás. Dickens conocía sus ropajes y su comicidad. Mr. Kipling conoce su esencia y su seriedad. Es nuestra primera autoridad en la segunda categoría, ha visto cosas maravillosas por el ojo de la cerradura y sus fondos son verdaderas obras de arte. En cuanto a la segunda condición, hemos tenido a Browning, y Meredith está con nosotros. Pero aún queda mucho por hacer en el ámbito de la introspección. A

psychology is concerned, it has never been morbid enough. We have merely touched the surface of the soul, that is all. In one single ivory cell of the brain there are stored away things more marvellous and more terrible than even they have dreamed of, who, like the author of *Le Rouge et le Noir,* have sought to track the soul into its most secret places, and to make life confess its dearest sins. Still, there is a limit even to the number of untried backgrounds, and it is possible that a further development of the habit of introspection may prove fatal to that creative faculty to which it seeks to supply fresh material. I myself am inclined to think that creation is doomed. It springs from too primitive, too natural an impulse. However this may be, it is certain that the subject-matter at the disposal of creation is always diminishing, while the subject-matter of criticism increases daily. There are always new attitudes for the mind, and new points of view. The duty of imposing form upon chaos does not grow less as the world advances. There was never a time when Criticism was more needed than it is now. It is only by its means that Humanity can become conscious of the point at which it has arrived.

Hours ago, Ernest, you asked me the use of Criticism. You might just as well have asked me the use of thought. It is Criticism, as Arnold points out, that creates the intellectual atmosphere of the age. It is Criticism, as I hope to point out myself some day, that makes the mind a fine instrument. We, in our educational system, have burdened the memory with a load of unconnected facts, and laboriously striven to impart our laboriously-acquired knowledge. We teach people how to remember, we never teach them how to grow. It has never occurred to us to try and develop in the mind a more subtle quality of apprehension and discernment. The Greeks did this, and when we come in contact with the Greek critical intellect, we cannot but be conscious that, while our subject-matter is in every respect larger and more varied than theirs, theirs is the only method by which this subject-matter can be interpreted. England has done one thing; it has invented and established Public Opinion, which is an attempt to organise the ignorance of the community, and to elevate it to the dignity of physical force. But Wisdom has always been hidden from it. Considered as an instrument of thought, the English mind is coarse and undeveloped. The only thing that can purify it is the growth of the critical instinct.

veces se dice que la ficción se está volviendo demasiado morbosa. En lo que respecta a la psicología, nunca ha sido lo suficientemente morbosa. Nos hemos limitado a tocar la superficie del alma, eso es todo. En una sola célula de marfil del cerebro se almacenan cosas más maravillosas y más terribles de lo que ni siquiera han soñado quienes, como el autor de *Le Rouge et le Noir,* han intentado rastrear el alma hasta sus lugares más secretos y hacer que la vida confiese sus pecados más queridos. Aún así, existe un límite incluso para el número de antecedentes no probados, y es posible que un mayor desarrollo del hábito de la introspección pueda resultar fatal para esa facultad creativa a la que pretende suministrar material fresco. Yo mismo me inclino a pensar que la creación está condenada. Brota de un impulso demasiado primitivo, demasiado natural. Sea como fuere, lo cierto es que la materia a disposición de la creación siempre disminuye, mientras que la materia de la crítica aumenta cada día. Siempre hay nuevas actitudes para la mente, y nuevos puntos de vista. El deber de imponer la forma al caos no disminuye a medida que avanza el mundo. Nunca hubo una época en la que la crítica fuera más necesaria que ahora. Sólo a través de ella puede la Humanidad tomar conciencia del punto al que ha llegado.

Hace horas, Ernest, me preguntaste por el uso de la crítica. También podrías haberme preguntado por el uso del pensamiento. Es la Crítica, como señala Arnold, la que crea la atmósfera intelectual de la época. Es la Crítica, como espero señalar yo mismo algún día, la que hace de la mente un instrumento fino. Nosotros, en nuestro sistema educativo, hemos sobrecargado la memoria con una carga de hechos inconexos, y nos esforzamos laboriosamente por impartir nuestros conocimientos laboriosamente adquiridos. Enseñamos a la gente a recordar, pero nunca a crecer. Nunca se nos ha ocurrido intentar desarrollar en la mente una cualidad más sutil de aprehensión y discernimiento. Los griegos lo hicieron, y cuando entramos en contacto con el intelecto crítico griego, no podemos sino ser conscientes de que, aunque nuestra materia es en todos los aspectos más amplia y variada que la suya, el suyo es el único método por el que esta materia puede interpretarse. Inglaterra ha hecho una cosa: ha inventado y establecido la Opinión Pública, que es un intento de organizar la ignorancia de la comunidad y de elevarla a la dignidad de la fuerza física. Pero la Sabiduría siempre ha estado oculta para ella. Considerada como un instrumento del pensamiento, la mente inglesa es tosca y subdesarrollada. Lo único que puede purificarla es el crecimiento del instinto crítico.

It is Criticism, again, that, by concentration, makes culture possible. It takes the cumbersome mass of creative work, and distils it into a finer essence. Who that desires to retain any sense of form could struggle through the monstrous multitudinous books that the world has produced, books in which thought stammers or ignorance brawls? The thread that is to guide us across the wearisome labyrinth is in the hands of Criticism. Nay more, where there is no record, and history is either lost, or was never written, Criticism can re-create the past for us from the very smallest fragment of language or art, just as surely as the man of science can from some tiny bone, or the mere impress of a foot upon a rock, re-create for us the winged dragon or Titan lizard that once made the earth shake beneath its tread, can call Behemoth out of his cave, and make Leviathan swim once more across the startled sea. Prehistoric history belongs to the philological and archaeological critic. It is to him that the origins of things are revealed. The self-conscious deposits of an age are nearly always misleading. Through philological criticism alone we know more of the centuries of which no actual record has been preserved, than we do of the centuries that have left us their scrolls. It can do for us what can be done neither by physics nor metaphysics. It can give us the exact science of mind in the process of becoming. It can do for us what History cannot do. It can tell us what man thought before he learned how to write. You have asked me about the influence of Criticism. I think I have answered that question already; but there is this also to be said. It is Criticism that makes us cosmopolitan. The Manchester school tried to make men realise the brotherhood of humanity, by pointing out the commercial advantages of peace. It sought to degrade the wonderful world into a common market-place for the buyer and the seller. It addressed itself to the lowest instincts, and it failed. War followed upon war, and the tradesman's creed did not prevent France and Germany from clashing together in blood-stained battle. There are others of our own day who seek to appeal to mere emotional sympathies, or to the shallow dogmas of some vague system of abstract ethics. They have their Peace Societies, so dear to the sentimentalists, and their proposals for unarmed International Arbitration, so popular among those who have never read history. But mere emotional sympathy will not do. It is too variable, and too closely connected with the passions; and a board of arbitrators who, for the general welfare of the race, are to be deprived of the power of putting their decisions into execution, will not be of much avail.

Es la crítica, de nuevo, la que, mediante la concentración, hace posible la cultura. Toma la engorrosa masa del trabajo creativo y la destila en una esencia más fina. ¿Quién que desee conservar algún sentido de la forma podría luchar a través de los monstruosos libros multitudinarios que el mundo ha producido, libros en los que el pensamiento tartamudea o la ignorancia se debate? El hilo que ha de guiarnos a través del fatigoso laberinto está en manos de la Crítica. Es más, allí donde no hay registros y la historia se ha perdido o nunca se escribió, la Crítica puede recrear el pasado para nosotros a partir del más pequeño fragmento de lenguaje o arte, con la misma seguridad con la que el hombre de ciencia puede, a partir de un hueso diminuto o de la mera huella de un pie sobre una roca, recrear para nosotros el dragón alado o el lagarto Titán que una vez hizo temblar la tierra bajo su pisada, puede sacar a Behemoth de su cueva y hacer que Leviatán nade de nuevo por el mar agitado. La historia prehistórica pertenece al crítico filológico y arqueológico. Es a él a quien se revelan los orígenes de las cosas. Los depósitos autoconscientes de una época son casi siempre engañosos. Sólo a través de la crítica filológica sabemos más de los siglos de los que no se ha conservado ningún registro real, que de los siglos que nos han dejado sus pergaminos. Puede hacer por nosotros lo que no pueden hacer ni la física ni la metafísica. Puede darnos la ciencia exacta de la mente en proceso de devenir. Puede hacer por nosotros lo que la Historia no puede hacer. Puede decirnos lo que el hombre pensaba antes de aprender a escribir. Me has preguntado por la influencia de la Crítica. Creo que ya he respondido a esa pregunta; pero también hay que decir esto. Es el Criticismo el que nos hace cosmopolitas. La escuela de Manchester intentó que los hombres se dieran cuenta de la fraternidad de la humanidad, señalando las ventajas comerciales de la paz. Trató de degradar el maravilloso mundo en un mercado común para el comprador y el vendedor. Se dirigió a los instintos más bajos, y fracasó. La guerra siguió a la guerra, y el credo del comerciante no impidió que Francia y Alemania se enfrentaran en una batalla manchada de sangre. Hay otros en nuestros días que tratan de apelar a meras simpatías emocionales, o a los dogmas superficiales de algún vago sistema de ética abstracta. Tienen sus Sociedades de Paz, tan queridas por los sentimentalistas, y sus propuestas de Arbitraje Internacional sin armas, tan populares entre quienes nunca han leído historia. Pero la mera simpatía emocional no servirá. Es demasiado variable, y está demasiado estrechamente relacionada con las pasiones; y una junta de árbitros que, por el bienestar general de la raza, van a ser privados del poder de poner sus decisiones

There is only one thing worse than Injustice, and that is Justice without her sword in her hand. When Right is not Might, it is Evil.

No: the emotions will not make us cosmopolitan, any more than the greed for gain could do so. It is only by the cultivation of the habit of intellectual criticism that we shall be able to rise superior to race-prejudices. Goethe—you will not misunderstand what I say—was a German of the Germans. He loved his country—no man more so. Its people were dear to him; and he led them. Yet, when the iron hoof of Napoleon trampled upon vineyard and cornfield, his lips were silent. 'How can one write songs of hatred without hating?' he said to Eckermann, 'and how could I, to whom culture and barbarism are alone of importance, hate a nation which is among the most cultivated of the earth and to which I owe so great a part of my own cultivation?' This note, sounded in the modern world by Goethe first, will become, I think, the starting point for the cosmopolitanism of the future. Criticism will annihilate race-prejudices, by insisting upon the unity of the human mind in the variety of its forms. If we are tempted to make war upon another nation, we shall remember that we are seeking to destroy an element of our own culture, and possibly its most important element. As long as war is regarded as wicked, it will always have its fascination. When it is looked upon as vulgar, it will cease to be popular. The change will of course be slow, and people will not be conscious of it. They will not say 'We will not war against France because her prose is perfect,' but because the prose of France is perfect, they will not hate the land. Intellectual criticism will bind Europe together in bonds far closer than those that can be forged by shopman or sentimentalist. It will give us the peace that springs from understanding.

Nor is this all. It is Criticism that, recognising no position as final, and refusing to bind itself by the shallow shibboleths of any sect or school, creates that serene philosophic temper which loves truth for its own sake, and loves it not the less because it knows it to be unattainable. How little we have of this temper in England, and how much we need it! The English mind is always in a rage. The intellect of the race is wasted in the sordid and stupid quarrels of second-rate politicians or third-rate theologians. It was reserved for a man of science to show us the supreme example of that 'sweet reasonableness' of

en ejecución, no será de mucha utilidad. Sólo hay una cosa peor que la Injusticia, y es la Justicia sin su espada en la mano. Cuando el Derecho no es Poder, es Maldad.

No, las emociones no nos harán cosmopolitas, como tampoco podría hacerlo el afán de lucro. Sólo mediante el cultivo del hábito de la crítica intelectual podremos elevarnos por encima de los prejuicios raciales. Goethe —no malinterpretarás lo que digo— era un alemán de los alemanes. Amaba a su país; nadie más que él. Su pueblo le era querido; y él lo dirigía. Sin embargo, cuando la pezuña de hierro de Napoleón pisoteó viñedos y maizales, sus labios callaron. «¿Cómo se pueden escribir canciones de odio sin odiar?», le dijo a Eckermann, «¿y cómo podría yo, para quien la cultura y la barbarie son lo único importante, odiar a una nación que se encuentra entre las más cultivadas de la tierra y a la que debo una gran parte de mi propio cultivo?». Esta nota, sonada en el mundo moderno por Goethe en primer lugar, se convertirá, creo, en el punto de partida del cosmopolitismo del futuro. La crítica aniquilará los prejuicios raciales, insistiendo en la unidad de la mente humana en la variedad de sus formas. Si tenemos la tentación de hacer la guerra a otra nación, recordaremos que estamos tratando de destruir un elemento de nuestra propia cultura, y posiblemente su elemento más importante. Mientras la guerra se considere perversa, siempre tendrá su fascinación. Cuando se la considere vulgar, dejará de ser popular. El cambio será, por supuesto, lento, y la gente no será consciente de ello. No dirán: «No haremos la guerra a Francia porque su prosa es perfecta», pero como la prosa de Francia es perfecta, no odiarán al país. La crítica intelectual unirá a Europa en lazos mucho más estrechos que los que puedan forjar el tendero o el sentimentalista. Nos dará la paz que brota de la comprensión.

Y esto no es todo. Es la Crítica la que, no reconociendo ninguna posición como definitiva, y negándose a atarse a los superficiales tabúes de cualquier secta o escuela, crea ese sereno temperamento filosófico que ama la verdad por sí misma, y no la ama menos porque sabe que es inalcanzable. ¡Qué poco tenemos de este temperamento en Inglaterra, y cuánto lo necesitamos! La mente inglesa está siempre alborotada. El intelecto de la raza se desperdicia en las sórdidas y estúpidas disputas de políticos de segunda o teólogos de tercera. Estaba reservado a un hombre de ciencia mostrarnos el ejemplo supremo de esa «dulce sen-

which Arnold spoke so wisely, and, alas! to so little effect. The author of the *Origin of Species* had, at any rate, the philosophic temper. If one contemplates the ordinary pulpits and platforms of England, one can but feel the contempt of Julian, or the indifference of Montaigne. We are dominated by the fanatic, whose worst vice is his sincerity. Anything approaching to the free play of the mind is practically unknown amongst us. People cry out against the sinner, yet it is not the sinful, but the stupid, who are our shame. There is no sin except stupidity.

ERNEST. Ah! what an antinomian you are!

GILBERT. The artistic critic, like the mystic, is an antinomian always. To be good, according to the vulgar standard of goodness, is obviously quite easy. It merely requires a certain amount of sordid terror, a certain lack of imaginative thought, and a certain low passion for middle-class respectability. Aesthetics are higher than ethics. They belong to a more spiritual sphere. To discern the beauty of a thing is the finest point to which we can arrive. Even a colour-sense is more important, in the development of the individual, than a sense of right and wrong. Aesthetics, in fact, are to Ethics in the sphere of conscious civilisation, what, in the sphere of the external world, sexual is to natural selection. Ethics, like natural selection, make existence possible. Aesthetics, like sexual selection, make life lovely and wonderful, fill it with new forms, and give it progress, and variety and change. And when we reach the true culture that is our aim, we attain to that perfection of which the saints have dreamed, the perfection of those to whom sin is impossible, not because they make the renunciations of the ascetic, but because they can do everything they wish without hurt to the soul, and can wish for nothing that can do the soul harm, the soul being an entity so divine that it is able to transform into elements of a richer experience, or a finer susceptibility, or a newer mode of thought, acts or passions that with the common would be commonplace, or with the uneducated ignoble, or with the shameful vile. Is this dangerous? Yes; it is dangerous—all ideas, as I told you, are so. But the night wearies, and the light flickers in the lamp. One more thing I cannot help saying to you. You have spoken against Criticism as being a sterile thing. The nineteenth century is a turning point in history, simply on account of the work of two men, Darwin and Renan, the one the critic of the Book of Nature, the

satez» de la que Arnold habló tan sabiamente y, ¡ay! con tan poco efecto. El autor de *El origen de las especies* tenía, en cualquier caso, el temperamento filosófico. Si uno contempla los púlpitos y estrados ordinarios de Inglaterra, no puede sino sentir el desprecio de Julian, o la indiferencia de Montaigne. Estamos dominados por el fanático, cuyo peor vicio es su sinceridad. Cualquier cosa que se aproxime al libre juego de la mente es prácticamente desconocida entre nosotros. La gente clama contra el pecador, y sin embargo no es el pecador, sino el estúpido, quien es nuestra vergüenza. No hay más pecado que la estupidez.

ERNEST. ¡Ah! ¡Cómo amas las antinomias!

GILBERT. El crítico artístico, como el místico, ama siempre las antinomias. Ser bueno, según la norma vulgar de la bondad, es obviamente bastante fácil. Sólo requiere cierta cantidad de terror sórdido, cierta falta de pensamiento imaginativo y cierta baja pasión por la respetabilidad de la clase media. La estética está por encima de la ética. Pertenece a una esfera más espiritual. Discernir la belleza de una cosa es el punto más fino al que podemos llegar. Incluso el sentido del color es más importante en el desarrollo del individuo, que el sentido del bien y del mal. La Estética, de hecho, es a la Ética en la esfera de la civilización consciente, lo que, en la esfera del mundo exterior, lo sexual es a la selección natural. La ética, como la selección natural, hace posible la existencia. La estética, como la selección sexual, hace que la vida sea encantadora y maravillosa, la llena de nuevas formas y le da progreso, y variedad y cambio. Y cuando alcanzamos la verdadera cultura que es nuestro objetivo, llegamos a esa perfección con la que han soñado los santos, la perfección de aquellos a quienes el pecado es imposible, no porque hagan las renuncias del asceta, sino porque pueden hacer todo lo que desean sin herir el alma, y no pueden desear nada que pueda hacer daño al alma, siendo el alma una entidad tan divina que es capaz de transformar en elementos de una experiencia más rica, o de una susceptibilidad más fina, o de un modo de pensamiento más nuevo, actos o pasiones que con el común serían vulgares, o con el inculto innobles, o con el vergonzoso viles. ¿Es esto peligroso? Sí, es peligroso, todas las ideas, como ya te he dicho, lo son. Pero la noche se cansa, y la luz parpadea en la lámpara. Una cosa más no puedo evitar decírtelo. Tú has hablado en contra de la crítica por considerarla algo estéril. El siglo XIX es un punto de inflexión en la historia, simplemente por la obra de dos hombres, Darwin y Renan, el uno el crítico del Libro de la Naturaleza, el

other the critic of the books of God. Not to recognise this is to miss the meaning of one of the most important eras in the progress of the world. Creation is always behind the age. It is Criticism that leads us. The Critical Spirit and the World-Spirit are one.

ERNEST. And he who is in possession of this spirit, or whom this spirit possesses, will, I suppose, do nothing?

GILBERT. Like the Persephone of whom Landor tells us, the sweet pensive Persephone around whose white feet the asphodel and amaranth are blooming, he will sit contented 'in that deep, motionless quiet which mortals pity, and which the gods enjoy.' He will look out upon the world and know its secret. By contact with divine things he will become divine. His will be the perfect life, and his only.

ERNEST. You have told me many strange things to-night, Gilbert. You have told me that it is more difficult to talk about a thing than to do it, and that to do nothing at all is the most difficult thing in the world; you have told me that all Art is immoral, and all thought dangerous; that criticism is more creative than creation, and that the highest criticism is that which reveals in the work of Art what the artist had not put there; that it is exactly because a man cannot do a thing that he is the proper judge of it; and that the true critic is unfair, insincere, and not rational. My friend, you are a dreamer.

GILBERT. Yes: I am a dreamer. For a dreamer is one who can only find his way by moonlight, and his punishment is that he sees the dawn before the rest of the world.

ERNEST. His punishment?

GILBERT. And his reward. But, see, it is dawn already. Draw back the curtains and open the windows wide. How cool the morning air is! Piccadilly lies at our feet like a long riband of silver. A faint purple mist hangs over the Park, and the shadows of the white houses are purple. It is too late to sleep. Let us go down to Covent Garden and look at the roses. Come! I am tired of thought.

otro el crítico de los libros de Dios. No reconocer esto es perderse el significado de una de las épocas más importantes en el progreso del mundo. La Creación siempre va por detrás de la época. Es la crítica la que nos guía. El Espíritu Crítico y el Espíritu del Mundo son uno.

ERNEST. ¿Y el que está en posesión de este espíritu, o a quien este espíritu posee, supongo que no hará nada?

GILBERT. Como la Perséfone de la que nos habla Landor, la dulce y pensativa Perséfone alrededor de cuyos blancos pies florecen el asfódelo y el amaranto, se sentará satisfecha «en esa profunda e inmóvil quietud que los mortales compadecen y que los dioses disfrutan». Contemplará el mundo y conocerá su secreto. Por el contacto con las cosas divinas se convertirá en divino. Suya será la vida perfecta, y sólo suya.

ERNEST. Me has dicho muchas cosas extrañas esta noche, Gilbert. Me has dicho que es más difícil hablar de una cosa que hacerla, y que no hacer nada en absoluto es la cosa más difícil del mundo; me has dicho que todo Arte es inmoral, y todo pensamiento peligroso; que la crítica es más creativa que la creación, y que la crítica más elevada es la que revela en la obra de Arte lo que el artista no había puesto allí; que es exactamente porque un hombre no puede hacer una cosa por lo que es el juez apropiado de ella; y que el verdadero crítico es injusto, insincero y no racional. Amigo mío, tú eres un soñador.

GILBERT. Sí, soy un soñador. Porque un soñador es aquel que sólo puede encontrar su camino a la luz de la luna, y su castigo es que ve el amanecer antes que el resto del mundo.

ERNEST. ¿Su castigo?

GILBERT. Y su recompensa. Pero, mira, ya está amaneciendo. Descorre las cortinas y abre las ventanas de par en par. ¡Qué fresco es el aire de la mañana! Piccadilly se extiende a nuestros pies como una larga cinta de plata. Una tenue bruma púrpura se cierne sobre el parque, y las sombras de las casas blancas son púrpuras. Es demasiado tarde para dormir. Bajemos a Covent Garden y miremos las rosas. ¡Vamos! Estoy cansado de pensar.

THE DECAY OF LYING

A DIALOGUE.
Persons: Cyril and Vivian.
Scene: the Library of a country house in Nottinghamshire.

CYRIL *(coming in through the open window from the terrace)*. My dear Vivian, don't coop yourself up all day in the library. It is a perfectly lovely afternoon. The air is exquisite. There is a mist upon the woods, like the purple bloom upon a plum. Let us go and lie on the grass and smoke cigarettes and enjoy Nature.

VIVIAN. Enjoy Nature! I am glad to say that I have entirely lost that faculty. People tell us that Art makes us love Nature more than we loved her before; that it reveals her secrets to us; and that after a careful study of Corot and Constable we see things in her that had escaped our observation. My own experience is that the more we study Art, the less we care for Nature. What Art really reveals to us is Nature's lack of design, her curious crudities, her extraordinary monotony, her absolutely unfinished condition. Nature has good intentions, of course, but, as Aristotle once said, she cannot carry them out. When I look at a landscape I cannot help seeing all its defects. It is fortunate for us, however, that Nature is so imperfect, as otherwise we should have no art at all. Art is our spirited protest, our gallant attempt to teach Nature her proper place. As for the infinite variety of Nature, that is a pure myth. It is not to be found in Nature herself. It resides in the imagination, or fancy, or cultivated blindness of the man who looks at her.

CYRIL. Well, you need not look at the landscape. You can lie on the grass and smoke and talk.

VIVIAN. But Nature is so uncomfortable. Grass is hard and lumpy and damp, and full of dreadful black insects. Why, even Morris's poorest workman could make you a more comfortable seat than the whole of Nature can. Nature pales before the furniture of 'the street which from Oxford has borrowed its name', as the poet you love so much once vilely phrased it. I don't complain. If Nature had been

LA DECADENCIA DE LA MENTIRA

UN DIÁLOGO.
Personajes: Cyril y Vivian.
Escena: la biblioteca de una casa de campo en Nottinghamshire.

CYRIL *(entrando por la puerta-ventana abierta desde la terraza)*. Mi querido Vivian, no te encierres todo el día en la biblioteca. Es una tarde perfectamente encantadora. El aire es exquisito. Hay una bruma sobre los bosques, como la flor púrpura sobre un ciruelo. Vayamos a tumbarnos en la hierba a fumar cigarrillos y a disfrutar de la Naturaleza.

VIVIAN ¡Disfrutar de la Naturaleza! Me alegra decir que he perdido por completo esa facultad. La gente nos dice que el Arte nos hace amar a la Naturaleza más de lo que la amábamos antes, que nos revela sus secretos, y que tras un cuidadoso estudio de Corot y Constable vemos cosas en ella que habían escapado a nuestra observación. Mi propia experiencia es que cuanto más estudiamos el Arte, menos nos importa la Naturaleza. Lo que el Arte nos revela realmente es la falta de diseño de la Naturaleza, sus curiosas crudezas, su extraordinaria monotonía, su condición absolutamente inacabada. La Naturaleza tiene buenas intenciones, por supuesto, pero, como dijo una vez Aristóteles, no puede llevarlas a cabo. Cuando contemplo un paisaje no puedo evitar ver todos sus defectos. Sin embargo, es una suerte para nosotros que la Naturaleza sea tan imperfecta, ya que de lo contrario no tendríamos arte en absoluto. El arte es nuestra enérgica protesta, nuestro galante intento de enseñarle a la Naturaleza el lugar que le corresponde. En cuanto a la infinita variedad de la Naturaleza, eso es un puro mito. No se encuentra en la Naturaleza misma. Reside en la imaginación, o la fantasía, o la ceguera cultivada del hombre que la contempla.

CYRIL. Bueno, no hace falta que mires el paisaje. Puedes tumbarte en la hierba y fumar y hablar.

VIVIAN. Pero la naturaleza es tan incómoda. La hierba es dura y grumosa y húmeda, y está llena de espantosos insectos negros. Vaya, hasta el obrero más pobre de Morris podría hacerte un asiento más cómodo que toda la Naturaleza. La naturaleza palidece ante el mobiliario de «la calle que de Oxford ha tomado prestado su nombre», como lo expresó vilmente en una ocasión el poeta que tú tanto amas. No me quejo.

comfortable, mankind would never have invented architecture, and I prefer houses to the open air. In a house we all feel of the proper proportions. Everything is subordinated to us, fashioned for our use and our pleasure. Egotism itself, which is so necessary to a proper sense of human dignity, is entirely the result of indoor life. Out of doors one becomes abstract and impersonal. One's individuality absolutely leaves one. And then Nature is so indifferent, so unappreciative. Whenever I am walking in the park here, I always feel that I am no more to her than the cattle that browse on the slope, or the burdock that blooms in the ditch. Nothing is more evident than that Nature hates Mind. Thinking is the most unhealthy thing in the world, and people die of it just as they die of any other disease. Fortunately, in England at any rate, thought is not catching. Our splendid physique as a people is entirely due to our national stupidity. I only hope we shall be able to keep this great historic bulwark of our happiness for many years to come; but I am afraid that we are beginning to be over-educated; at least everybody who is incapable of learning has taken to teaching—that is really what our enthusiasm for education has come to. In the meantime, you had better go back to your wearisome uncomfortable Nature, and leave me to correct my proofs.

CYRIL. Writing an article! That is not very consistent after what you have just said.

VIVIAN. Who wants to be consistent? The dullard and the doctrinaire, the tedious people who carry out their principles to the bitter end of action, to the *reductio ad absurdum* of practice. Not I. Like Emerson, I write over the door of my library the word 'Whim'. Besides, my article is really a most salutary and valuable warning. If it is attended to, there may be a new Renaissance of Art.

CYRIL. What is the subject?

VIVIAN. I intend to call it 'The Decay of Lying: A Protest'.

CYRIL. Lying! I should have thought that our politicians kept up that habit.

Si la Naturaleza hubiera sido cómoda, la humanidad nunca habría inventado la arquitectura, y yo prefiero las casas al aire libre. En una casa todos sentimos las proporciones adecuadas. Todo está subordinado a nosotros, diseñado para nuestro uso y nuestro placer. El propio egoísmo, tan necesario para un sentido adecuado de la dignidad humana, es enteramente el resultado de la vida en interiores. Fuera de casa uno se vuelve abstracto e impersonal. La propia individualidad le abandona a uno por completo. Y entonces la Naturaleza es tan indiferente, tan poco apreciativa. Siempre que paseo por el parque de aquí, siento que no soy para ella más que el ganado que ramonea por la ladera o la bardana que florece en la zanja. Nada es más evidente que el echo que la Naturaleza odia la Mente. Pensar es lo más malsano del mundo, y la gente muere de ello igual que de cualquier otra enfermedad. Afortunadamente, en Inglaterra al menos, el pensamiento no es contagioso. Nuestro espléndido físico como pueblo se debe enteramente a nuestra estupidez nacional. Sólo espero que seamos capaces de mantener este gran baluarte histórico de nuestra felicidad durante muchos años; pero me temo que estamos empezando a estar sobreeducados; al menos todos los que son incapaces de aprender se han pasado a la enseñanza; a eso ha llegado realmente nuestro entusiasmo por la educación. Mientras tanto, será mejor que vuelvas a tu fatigosa e incómoda Naturaleza, y me dejes corregir mis borradores.

CYRIL ¡Escribiendo un artículo! Eso no es muy coherente después de lo que acabas de decir.

VIVIAN. ¿Quién quiere ser consecuente? El lerdo y el doctrinario, la gente tediosa que lleva sus principios hasta el amargo final de la acción, hasta la *reductio ad absurdum* de la práctica. Yo no. Como Emerson, escribo sobre la puerta de mi biblioteca la palabra «Capricho». Además, mi artículo es realmente una advertencia de lo más saludable y valiosa. Si se le presta atención, puede que haya un nuevo Renacimiento del Arte.

CYRIL. ¿Cuál es el tema?

VIVIAN. Pienso titularlo «La decadencia de la mentira: una protesta».

CYRIL. ¡Mentir! Habría pensado que nuestros políticos mantenían ese hábito.

VIVIAN. I assure you that they do not. They never rise beyond the level of misrepresentation, and actually condescend to prove, to discuss, to argue. How different from the temper of the true liar, with his frank, fearless statements, his superb irresponsibility, his healthy, natural disdain of proof of any kind! After all, what is a fine lie? Simply that which is its own evidence. If a man is sufficiently unimaginative to produce evidence in support of a lie, he might just as well speak the truth at once. No, the politicians won't do. Something may, perhaps, be urged on behalf of the Bar. The mantle of the Sophist has fallen on its members. Their feigned ardours and unreal rhetoric are delightful. They can make the worse appear the better cause, as though they were fresh from Leontine schools, and have been known to wrest from reluctant juries triumphant verdicts of acquittal for their clients, even when those clients, as often happens, were clearly and unmistakeably innocent. But they are briefed by the prosaic, and are not ashamed to appeal to precedent. In spite of their endeavours, the truth will out. Newspapers, even, have degenerated. They may now be absolutely relied upon. One feels it as one wades through their columns. It is always the unreadable that occurs. I am afraid that there is not much to be said in favour of either the lawyer or the journalist. Besides, what I am pleading for is Lying in art. Shall I read you what I have written? It might do you a great deal of good.

CYRIL. Certainly, if you give me a cigarette. Thanks. By the way, what magazine do you intend it for?

VIVIAN. For the *Retrospective Review*. I think I told you that the elect had revived it.

CYRIL. Whom do you mean by 'the elect'?

VIVIAN. Oh, The Tired Hedonists, of course. It is a club to which I belong. We are supposed to wear faded roses in our button-holes when we meet, and to have a sort of cult for Domitian. I am afraid you are not eligible. You are too fond of simple pleasures.

CYRIL. I should be black-balled on the ground of animal spirits, I suppose?

VIVIAN. Te aseguro que no. Ellos nunca se elevan más allá del nivel de la tergiversación, y en realidad condescienden a probar, a discutir, a argumentar. ¡Qué diferente del temperamento del verdadero mentiroso, con sus declaraciones francas y sin miedo, su soberbia irresponsabilidad, su sano y natural desdén por las pruebas de cualquier tipo! Después de todo, ¿qué es una buena mentira? Simplemente aquella que es su propia prueba. Si un hombre es lo suficientemente poco imaginativo como para presentar pruebas en apoyo de una mentira, más le valdría decir la verdad de una vez. No, los políticos no lo harán. Algo puede, tal vez, instarse en nombre de la Abogacía. El manto de los sofistas ha caído sobre sus miembros. Sus ardores fingidos y su retórica irreal son deliciosos. Pueden hacer que lo peor parezca la mejor causa, como si estuvieran recién salidos de las escuelas leontinas, y se sabe que han arrancado de jurados reacios veredictos triunfantes de absolución para sus clientes, incluso cuando esos clientes, como sucede a menudo, eran clara e inequívocamente inocentes. Pero se guían por lo prosaico y no se avergüenzan de apelar a los precedentes. A pesar de sus esfuerzos, la verdad saldrá a la luz. Los periódicos, incluso, han degenerado. Ahora se puede confiar absolutamente en ellos. Uno lo siente al vadear sus columnas. Siempre aparece lo ilegible. Me temo que no hay mucho que decir a favor ni del abogado ni del periodista. Además, lo que estoy defendiendo es la mentira en el arte. ¿Te leo lo que he escrito? Podría hacerte mucho bien.

CYRIL. Desde luego, si me das un cigarrillo. Gracias. Por cierto, ¿para qué revista lo escribes?

VIVIAN. Para la *Retrospective Review*. Creo que te dije que los elegidos la habían reactivado.

CYRIL. ¿A quiénes te refieres con «los elegidos»?

VIVIAN. Oh, Los Hedonistas Cansados, por supuesto. Es un club al que pertenezco. Se supone que llevamos rosas descoloridas en nuestros ojales cuando nos reunimos, y que tenemos una especie de culto a Domiciano. Me temo que tú no reúnes los requisitos. Te gustan demasiado los placeres sencillos.

CYRIL. Supongo que me acusarían de espíritus animales.

VIVIAN. Probably. Besides, you are a little too old. We don't admit anybody who is of the usual age.

CYRIL. Well, I should fancy you are all a good deal bored with each other.

VIVIAN. We are. This is one of the objects of the club. Now, if you promise not to interrupt too often, I will read you my article.

CYRIL. You will find me all attention.

VIVIAN *(reading in a very clear voice)*. THE DECAY OF LYING: A PROTEST.— One of the chief causes that can be assigned for the curiously commonplace character of most of the literature of our age is undoubtedly the decay of Lying as an art, a science, and a social pleasure. The ancient historians gave us delightful fiction in the form of fact; the modern novelist presents us with dull facts under the guise of fiction. The *Blue-Book* is rapidly becoming his ideal both for method and manner. He has his tedious *document humain*, his miserable little *coin de la création*, into which he peers with his microscope. He is to be found at the Librairie Nationale, or at the British Museum, shamelessly reading up his subject. He has not even the courage of other people's ideas, but insists on going directly to life for everything, and ultimately, between encyclopaedias and personal experience, he comes to the ground, having drawn his types from the family circle or from the weekly washerwoman, and having acquired an amount of useful information from which never, even in his most meditative moments, can he thoroughly free himself.

'The lose that results to literature in general from this false ideal of our time can hardly be overestimated. People have a careless way of talking about a "born liar," just as they talk about a "born poet." But in both cases they are wrong. Lying and poetry are arts—arts, as Pinto saw, not unconnected with each other—and they require the most careful study, the most disinterested devotion. Indeed, they have their technique, just as the more material arts of painting and sculpture have, their subtle secrets of form and colour, their craft-mysteries, their deliberate artistic methods. As one knows the poet by his fine music, so one can recognise the liar by his rich rhythmic utterance, and in neither case will the casual inspiration of the mo-

VIVIAN. Probablemente. Además, tú eres demasiado mayor. No admitimos a nadie que tenga la edad habitual.

CYRIL. Bueno, me imagino que todos están bastante aburridos unos de otros.

VIVIAN. Así es. Ese es uno de los objetivos del club. Ahora, si prometes no interrumpir demasiado a menudo, te leeré mi artículo.

CYRIL. Encontrarás que soy todo atención.

VIVIAN *(leyendo con voz muy clara)*. LA DECADENCIA DE LA MENTIRA: UNA PROTESTA.— Una de las principales causas que pueden atribuirse al carácter curiosamente vulgar de la mayor parte de la literatura de nuestra época es, sin duda, la decadencia de la mentira como arte, como ciencia y como placer social. Los historiadores antiguos nos dieron una ficción deliciosa bajo la forma de hechos; el novelista moderno nos presenta hechos aburridos bajo la apariencia de ficción. El *Almanaque* se está convirtiendo rápidamente en su ideal tanto por su método como por su forma. Tiene su tedioso *document humain,* su miserable *coin de la création,* en el que mira con su microscopio. Se le puede encontrar en la Librairie Nationale, o en el Museo Británico, leyendo descaradamente sobre su tema. Ni siquiera se atreve con las ideas ajenas, sino que insiste en ir directamente a la vida para todo, y al final, entre enciclopedias y experiencia personal, llega al suelo, habiendo sacado sus tipologías del círculo familiar o de la lavandera semanal, y habiendo adquirido una cantidad de información útil de la que nunca, ni siquiera en sus momentos más meditativos, puede liberarse del todo.

«Difícilmente puede sobrestimarse la pérdida que supone para la literatura en general este falso ideal de nuestro tiempo. La gente tiene la despreocupación de hablar de un "mentiroso nato", igual que hablan de un "poeta nato". Pero en ambos casos se equivocan. La mentira y la poesía son artes —artes, como vio Pinto, no ajenas entre sí— y requieren el estudio más cuidadoso, la devoción más desinteresada. De hecho, tienen su técnica, al igual que las artes más materiales de la pintura y la escultura, sus sutiles secretos de forma y color, sus misterios artesanales, sus deliberados métodos artísticos. Al igual que se conoce al poeta por su fina música, también se puede reconocer al mentiroso por su rica expresión rítmica, y en ninguno de los dos casos bastará la inspiración

ment suffice. Here, as elsewhere, practice must, precede perfection. But in modern days while the fashion of writing poetry has become far too common, and should, if possible, be discouraged, the fashion of lying has almost fallen into disrepute. Many a young man starts in life with a natural gift for exaggeration which, if nurtured in congenial and sympathetic surroundings, or by the imitation of the best models, might grow into something really great and wonderful. But, as a rule, he comes to nothing. He either falls into careless habits of accuracy—'

CYRIL. My dear fellow!

VIVIAN. Please don't interrupt in the middle of a sentence. 'He either falls into careless habits of accuracy, or takes to frequenting the society of the aged and the well-informed. Both things are equally fatal to his imagination, as indeed they would be fatal to the imagination of anybody, and in a short time he develops a morbid and unhealthy faculty of truth-telling, begins to verify all statements made in his presence, has no hesitation in contradicting people who are much younger than himself, and often ends by writing novels which are so lifelike that no one can possibly believe in their probability. This is no isolated instance that we are giving. It is simply one example out of many; and if something cannot be done to check, or at least to modify, our monstrous worship of facts, Art will become sterile, and beauty will pass away from the land.

'Even Mr. Robert Louis Stevenson, that delightful master of delicate and fanciful prose, is tainted with this modern vice, for we know positively no other name for it. There is such a thing as robbing a story of its reality by trying to make it too true, and *The Black Arrow* is so inartistic as not to contain a single anachronism to boast of, while the transformation of Dr. Jekyll reads dangerously like an experiment out of the *Lancet*. As for Mr. Rider Haggard, who really has, or had once, the makings of a perfectly magnificent liar, he is now so afraid of being suspected of genius that when he does tell us anything marvellous, he feels bound to invent a personal reminiscence, and to put it into a footnote as a kind of cowardly corroboration. Nor are our other novelists much better. Mr. Henry James writes fiction as if it were a painful duty, and wastes upon mean motives and imperceptible "points of view" his neat literary style, his felicitous phrases, his

casual del momento. Aquí, como en todas partes, la práctica debe, preceder a la perfección. Pero en los tiempos modernos, mientras que la moda de escribir poesía se ha vuelto demasiado común y, si es posible, debería desalentarse, la moda de mentir casi ha caído en descrédito. Muchos jóvenes comienzan su vida con un don natural para la exageración que, si se alimentara en un entorno agradable y comprensivo, o mediante la imitación de los mejores modelos, podría convertirse en algo realmente grande y maravilloso. Pero, por regla general, no llega a nada. O bien cae en hábitos descuidados de exactitud...».

CYRIL. ¡Mi querido amigo!

VIVIAN. Por favor, no interrumpas a la mitad de una frase. «O bien cae en hábitos descuidados de exactitud, o bien se dedica a frecuentar la sociedad de los ancianos y los bien informados. Ambas cosas son igualmente fatales para su imaginación, como de hecho lo serían para la imaginación de cualquiera, y en poco tiempo desarrolla una mórbida y malsana facultad de decir la verdad, empieza a verificar todas las afirmaciones que se hacen en su presencia, no duda en contradecir a personas mucho más jóvenes que él, y a menudo acaba escribiendo novelas tan reales que nadie puede creer en su probabilidad. No es un caso aislado el que estamos dando. Es simplemente un ejemplo entre muchos; y si no se puede hacer algo para frenar, o al menos modificar, nuestra monstruosa adoración de los hechos, el Arte se volverá estéril y la belleza desaparecerá de la tierra.

«Incluso Mr. Robert Louis Stevenson, ese delicioso maestro de la prosa delicada y fantasiosa, está manchado de este vicio moderno, pues no conocemos positivamente otro nombre para él. Existe algo así como despojar a una historia de su realidad tratando de hacerla demasiado verídica, y *La flecha negra* es tan inartística que no contiene ni un solo anacronismo del que presumir, mientras que la transformación del Dr. Jekyll se lee peligrosamente como un experimento sacado de la revista *The Lancet*. En cuanto a Mr. Rider Haggard, que realmente tiene, o tuvo alguna vez, las hechuras de un mentiroso perfectamente magnífico, ahora tiene tanto miedo de ser sospechado de genialidad que, cuando nos cuenta algo maravilloso, se siente obligado a inventarse una reminiscencia personal y a ponerla en una nota a pie de página como una especie de corroboración cobarde. Tampoco nuestros otros novelistas son mucho mejores. Mr. Henry James escribe ficción como si fuera un

swift and caustic satire. Mr. Hall Caine, it is true, aims at the grandiose, but then he writes at the top of his voice. He is so loud that one cannot bear what he says. Mr. James Payn is an adept in the art of concealing what is not worth finding. He hunts down the obvious with the enthusiasm of a short-sighted detective. As one turns over the pages, the suspense of the author becomes almost unbearable. The horses of Mr. William Black's phaeton do not soar towards the sun. They merely frighten the sky at evening into violent chromolithographic effects. On seeing them approach, the peasants take refuge in dialect. Mrs. Oliphant prattles pleasantly about curates, lawn-tennis parties, domesticity, and other wearisome things. Mr. Marion Crawford has immolated himself upon the altar of local colour. He is like the lady in the French comedy who keeps talking about *"le beau ciel d'Italie."* Besides, he has fallen into the bad habit of uttering moral platitudes. He is always telling us that to be good is to be good, and that to be bad is to be wicked. At times he is almost edifying. *Robert Elsmere* is of course a masterpiece—a masterpiece of the *"genre ennuyeux,"* the one form of literature that the English people seems thoroughly to enjoy. A thoughtful young friend of ours once told us that it reminded him of the sort of conversation that goes on at a meat tea in the house of a serious Nonconformist family, and we can quite believe it. Indeed it is only in England that such a book could be produced. England is the home of lost ideas. As for that great and daily increasing school of novelists for whom the sun always rises in the East-End, the only thing that can be said about them is that they find life crude, and leave it raw.

'In France, though nothing so deliberately tedious as *Robert Elsmere* has been produced, things are not much better. M. Guy de Maupassant, with his keen mordant irony and his hard vivid style, strips life of the few poor rags that still cover her, and shows us foul sore and festering wound. He writes lurid little tragedies in which everybody is ridiculous; bitter comedies at which one cannot laugh for very tears. M. Zola, true to the lofty principle that he lays down in one of his pronunciamientos on literature, *"L'homme de genie n'a jamais d'esprit,"* is determined to show that, if he has not got genius, he can at least be dull. And how well he succeeds! He is not without power. Indeed at times, as in *Germinal*, there is something almost epic in his work. But his work is entirely wrong from beginning to end, and wrong not

penoso deber, y desperdicia en mezquinos motivos e imperceptibles "puntos de vista" su pulcro estilo literario, sus frases afortunadas, su sátira rápida y cáustica. Es cierto que Mr. Hall Caine aspira a lo grandioso, pero entonces escribe a gritos. Habla tan alto que uno no puede soportar lo que dice. Mr. James Payn es un experto en el arte de ocultar lo que no merece la pena ser encontrado. Caza lo obvio con el entusiasmo de un detective miope. A medida que uno pasa las páginas, el suspense del autor se hace casi insoportable. Los caballos del faetón de Mr. William Black no se elevan hacia el sol. Se limitan a asustar al cielo al atardecer con violentos efectos cromolitográficos. Al verlos acercarse, los campesinos se refugian en el dialecto. Mrs. Oliphant parlotea agradablemente sobre curas, partidos de tenis sobre hierba, domesticidad y otras cosas fastidiosas. Mr. Marion Crawford se ha inmolado en el altar del color local. Es como la dama de la comedia francesa que no para de hablar de *«le beau ciel d'Italie»*. Además, ha caído en la mala costumbre de pronunciar perogrulladas morales. Siempre nos está diciendo que ser bueno es ser bueno, y que ser malo es ser malvado. A veces resulta casi edificante. *Robert Elsmere* es, por supuesto, una obra maestra, una obra maestra del *"genre ennuyeux"*, la única forma de literatura que el pueblo inglés parece disfrutar a fondo. Un joven y reflexivo amigo nuestro nos dijo una vez que le recordaba al tipo de conversación que tiene lugar alrededor de un caldo de carne en casa de una seria familia no conformista, y podemos creerlo. De hecho, sólo en Inglaterra podría producirse un libro así. Inglaterra es el hogar de las ideas perdidas. En cuanto a esa gran escuela de novelistas, cada vez más numerosa, para quienes el sol siempre sale por el East-End, lo único que puede decirse de ellos es que encuentran la vida cruda y la dejan cruda.

«En Francia, aunque no se ha producido nada tan deliberadamente tedioso como *Robert Elsmere,* las cosas no van mucho mejor. M. Guy de Maupassant, con su aguda ironía mordaz y su duro estilo vívido, despoja a la vida de los pocos y pobres harapos que aún la cubren, y nos muestra la sucia y supurante herida. Escribe pequeñas tragedias escabrosas en las que todo el mundo hace el ridículo; comedias amargas de las que uno no puede reír por muy llorón que sea. M. Zola, fiel al elevado principio que establece en uno de sus pronunciamientos sobre literatura, *«L'homme de genie n'a jamais d'esprit»*, está decidido a demostrar que, si no tiene genio, al menos puede ser aburrido. Y ¡qué bien lo consigue! No le falta fuerza. De hecho, a veces, como en *Germinal*, hay algo casi épico en su obra. Pero su obra es totalmente errónea de principio a fin, y errónea

on the ground of morals, but on the ground of art. From any ethical standpoint it is just what it should be. The author is perfectly truthful, and describes things exactly as they happen. What more can any moralist desire? We have no sympathy at all with the moral indignation of our time against M. Zola. It is simply the indignation of Tartuffe on being exposed. But from the standpoint of art, what can be said in favour of the author of *L'Assommoir, Nana* and *Pot-Bouille?* Nothing. Mr. Ruskin once described the characters in George Eliot's novels as being like the sweepings of a Pentonville omnibus, but M. Zola's characters are much worse. They have their dreary vices, and their drearier virtues. The record of their lives is absolutely without interest. Who cares what happens to them? In literature we require distinction, charm, beauty and imaginative power. We don't want to be harrowed and disgusted with an account of the doings of the lower orders. M. Daudet is better. He has wit, a light touch and an amusing style. But he has lately committed literary suicide. Nobody can possibly care for Delobelle with his *"Il faut lutter pour l'art,"* or for Valmajour with his eternal refrain about the nightingale, or for the poet in *Jack* with his *"mots cruels,"* now that we have learned from *Vingt ans de ma vie littéraire* that these characters were taken directly from life. To us they seem to have suddenly lost all their vitality, all the few qualities they ever possessed. The only real people are the people who never existed, and if a novelist is base enough to go to life for his personages he should at least pretend that they are creations, and not boast of them as copies. The justification of a character in a novel is not that other persons are what they are, but that the author is what he is. Otherwise the novel is not a work of art. As for M. Paul Bourget, the master of the *roman psychologique,* he commits the error of imagining that the men and women of modern life are capable of being infinitely analysed for an innumerable series of chapters. In point of fact what is interesting about people in good society—and M. Bourget rarely moves out of the Faubourg St. Germain, except to come to London,— is the mask that each one of them wears, not the reality that lies behind the mask. It is a humiliating confession, but we are all of us made out of the same stuff. In Falstaff there is something of Hamlet, in Hamlet there is not a little of Falstaff. The fat knight has his moods of melancholy, and the young prince his moments of coarse humour. Where we differ from each other is purely in accidentals: in dress, manner, tone of voice, religious opinions, personal appearance, tricks of habit and the like. The more one analyses people, the

no en el terreno de la moral, sino en el del arte. Desde cualquier punto de vista ético es justo lo que debería ser. El autor es perfectamente veraz, y describe las cosas exactamente como suceden. ¿Qué más puede desear cualquier moralista? No simpatizamos en absoluto con la indignación moral de nuestro tiempo contra M. Zola. Es simplemente la indignación de Tartufo al verse desenmascarado. Pero desde el punto de vista del arte, ¿qué se puede decir a favor del autor de *L'Assommoir, Nana* y *Pot-Bouille?* Nada. Mr. Ruskin describió una vez a los personajes de las novelas de George Eliot como si fueran la basura de un ómnibus de Pentonville, pero los personajes de M. Zola son mucho peores. Tienen sus vicios monótonos y sus virtudes más monótonas. El relato de sus vidas carece absolutamente de interés. ¿A quién le importa lo que les sucede? En literatura exigimos distinción, encanto, belleza y poder imaginativo. No queremos que se nos llene la boca de disgusto con un relato de las andanzas de los bajos fondos. M. Daudet es mejor. Tiene ingenio, un toque ligero y un estilo divertido. Pero últimamente se ha suicidado literariamente. A nadie puede importarle Delobelle con su «*Il faut lutter pour l'art*», ni Valmajour con su eterno estribillo sobre el ruiseñor, ni el poeta en *Jack* con sus «*mots cruels*», ahora que hemos aprendido de *Vingt ans de ma vie littéraire* que estos personajes fueron tomados directamente de la vida. Para nosotros parecen haber perdido de repente toda su vitalidad, todas las pocas cualidades que alguna vez poseyeron. Las únicas personas reales son las que nunca existieron, y si un novelista tiene la bajeza de acudir a la vida para sus personajes, al menos debería fingir que son creaciones, y no jactarse de que son copias. La justificación de un personaje en una novela no es que otras personas sean lo que son, sino que el autor sea lo que es. De lo contrario, la novela no es una obra de arte. En cuanto a M. Paul Bourget, el maestro del *roman psychologique,* comete el error de imaginar que los hombres y mujeres de la vida moderna son susceptibles de ser analizados infinitamente durante una serie innumerable de capítulos. En realidad, lo que interesa de la gente de la buena sociedad —y M. Bourget rara vez sale del Faubourg St. Germain, salvo para venir a Londres— es la máscara que lleva cada uno de ellos, no la realidad que se esconde tras la máscara. Es una confesión humillante, pero todos estamos hechos de la misma pasta. En Falstaff hay algo de Hamlet, en Hamlet hay no poco de Falstaff. El caballero gordo tiene sus estados de ánimo de melancolía, y el joven príncipe sus momentos de humor grosero. En lo que diferimos unos de otros es puramente en lo accidental: en el vestido, las maneras, el tono de voz, las opiniones religiosas, la apariencia personal, los caprichos en las costumbres y cosas

more all reasons for analysis disappear. Sooner or later one comes to that dreadful universal thing called human nature. Indeed, as any one who has ever worked among the poor knows only too well, the brotherhood of man is no mere poet's dream, it is a most depressing and humiliating reality; and if a writer insists upon analysing the upper classes, he might just as well write of match-girls and costermongers at once.' However, my dear Cyril, I will not detain you any further just here. I quite admit that modern novels have many good points. All I insist on is that, as a class, they are quite unreadable.

CYRIL. That is certainly a very grave qualification, but I must say that I think you are rather unfair in some of your strictures. I like *The Deemster*, and *The Daughter of Heth*, and *Le Disciple*, and *Mr. Isaacs*, and as for *Robert Elsmere*, I am quite devoted to it. Not that I can look upon it as a serious work. As a statement of the problems that confront the earnest Christian it is ridiculous and antiquated. It is simply Arnold's *Literature and Dogma* with the literature left out. It is as much behind the age as Paley's *Evidences*, or Colenso's method of Biblical exegesis. Nor could anything be less impressive than the unfortunate hero gravely heralding a dawn that rose long ago, and so completely missing its true significance that he proposes to carry on the business of the old firm under the new name. On the other hand, it contains several clever caricatures, and a heap of delightful quotations, and Green's philosophy very pleasantly sugars the somewhat bitter pill of the author's fiction. I also cannot help expressing my surprise that you have said nothing about the two novelists whom you are always reading, Balzac and George Meredith. Surely they are realists, both of them?

VIVIAN. Ah! Meredith! Who can define him? His style is chaos illumined by flashes of lightning. As a writer he has mastered everything except language: as a novelist he can do everything, except tell a story: as an artist he is everything except articulate. Somebody in Shakespeare—Touchstone, I think—talks about a man who is always breaking his shins over his own wit, and it seems to me that this might serve as the basis for a criticism of Meredith's method. But whatever he is, he is not a realist. Or rather I would say that he is a child of realism who is not on speaking terms with his father. By de-

por el estilo. Cuanto más se analiza a las personas, más desaparecen todas las razones para el análisis. Tarde o temprano se llega a esa espantosa cosa universal llamada naturaleza humana. De hecho, como sabe demasiado bien cualquiera que haya trabajado alguna vez entre los pobres, la fraternidad del hombre no es un mero sueño de poeta, es una realidad de lo más deprimente y humillante; y si un escritor insiste en analizar a las clases altas, podría escribir también sobre las vendedoras de fósforos y los carreros de una vez». Sin embargo, mi querido Cyril, no te entretendré más aquí. Admito perfectamente que las novelas modernas tienen muchos puntos buenos. Sólo insisto en que, como clase, son bastante ilegibles.

CYRIL. Ciertamente es una calificación muy grave, pero debo decir que creo que tú eres bastante injusto en algunas de tus críticas. Me gustan *El Deemster,* y *La hija de Heth,* y *Le Disciple,* y *Mr. Isaacs,* y en cuanto a *Robert Elsmere,* le tengo bastante devoción. No es que pueda considerarla una obra seria. Como exposición de los problemas a los que se enfrenta el cristiano serio es ridícula y anticuada. Es simplemente *Literatura y Dogma* de Arnold con la literatura omitida. Está tan atrasado con respecto a su época como las *Evidencias* de Paley, o el método de exégesis bíblica de Colenso. Tampoco podría haber nada menos impresionante que el desafortunado héroe anunciando gravemente un amanecer que surgió hace mucho tiempo, y tan completamente perdido su verdadero significado que se propone continuar el negocio de la antigua empresa bajo el nuevo nombre. Por otro lado, contiene varias caricaturas ingeniosas y un montón de citas deliciosas, y la filosofía de Green endulza muy agradablemente el trago algo amargo de la ficción del autor. Tampoco puedo evitar expresar mi sorpresa por el hecho de que no hayas dicho nada sobre los dos novelistas que siempre estás leyendo, Balzac y George Meredith. Sin duda, ambos son realistas.

VIVIAN. ¡Ah! ¡Meredith! ¿Quién puede definirlo? Su estilo es un caos iluminado por relámpagos. Como escritor lo domina todo excepto el lenguaje; como novelista puede hacerlo todo, excepto contar una historia: como artista es todo menos articulado. Alguien en Shakespeare —Touchstone, creo— habla de un hombre que siempre se está rompiendo las espinillas por su propio ingenio, y me parece que esto podría servir de base para una crítica del método de Meredith. Pero sea lo que sea, no es un realista. O más bien yo diría que es un hijo del realismo que no se habla con su padre. Por elección deliberada se ha hecho a sí mismo un

liberate choice he has made himself a romanticist. He has refused to bow the knee to Baal, and after all, even if the man's fine spirit did not revolt against the noisy assertions of realism, his style would be quite sufficient of itself to keep life at a respectful distance. By its means he has planted round his garden a hedge full of thorns, and red with wonderful roses. As for Balzac, he was a most remarkable combination of the artistic temperament with the scientific spirit. The latter he bequeathed to his disciples. The former was entirely his own. The difference between such a book as M. Zola's *L'Assommoir* and Balzac's *Illusions Perdues* is the difference between unimaginative realism and imaginative reality. 'All Balzac's characters;' said Baudelaire, 'are gifted with the same ardour of life that animated himself. All his fictions are as deeply coloured as dreams. Each mind is a weapon loaded to the muzzle with will. The very scullions have genius.' A steady course of Balzac reduces our living friends to shadows, and our acquaintances to the shadows of shades. His characters have a kind of fervent fiery-coloured existence. They dominate us, and defy scepticism. One of the greatest tragedies of my life is the death of Lucien de Rubempre. It is a grief from which I have never been able completely to rid myself. It haunts me in my moments of pleasure. I remember it when I laugh. But Balzac is no more a realist than Holbein was. He created life, he did not copy it. I admit, however, that he set far too high a value on modernity of form, and that, consequently, there is no book of his that, as an artistic masterpiece, can rank with *Salammbô* or *Esmond,* or *The Cloister and the Hearth,* or the *Vicomte de Bragelonne.*

CYRIL. Do you object to modernity of form, then?

VIVIAN. Yes. It is a huge price to pay for a very poor result. Pure modernity of form is always somewhat vulgarising. It cannot help being so. The public imagine that, because they are interested in their immediate surroundings, Art should be interested in them also, and should take them as her subject-matter. But the mere fact that they are interested in these things makes them unsuitable subjects for Art. The only beautiful things, as somebody once said, are the things that do not concern us. As long as a thing is useful or necessary to us, or affects us in any way, either for pain or for pleasure, or appeals strongly to our sympathies, or is a vital part of the environment in which we live, it is outside the proper sphere of art. To art's subject-

romántico. Se ha negado a doblar la rodilla ante Baal y, después de todo, incluso si el fino espíritu del hombre no se rebelara contra las ruidosas afirmaciones del realismo, su estilo sería suficiente por sí mismo para mantener la vida a una distancia respetuosa. Con él ha plantado alrededor de su jardín un seto lleno de espinas y rojo de rosas maravillosas. En cuanto a Balzac, fue una combinación muy notable del temperamento artístico con el espíritu científico. Este último lo legó a sus discípulos. El primero era enteramente suyo. La diferencia entre un libro como *L'Assommoir* de M. Zola y las *Illusions perdues* de Balzac es la diferencia entre el realismo sin imaginación y la realidad imaginativa. «Todos los personajes de Balzac», decía Baudelaire, «están dotados del mismo ardor de vida que le animaba a él mismo. Todas sus ficciones están tan profundamente coloreadas como los sueños. Cada mente es un arma cargada hasta la boca del cañón con voluntad. Los mismísimos escultores tienen genio». Una corriente constante de Balzac reduce a nuestros amigos vivos a sombras, y a nuestros conocidos a sombras de sombras. Sus personajes tienen una especie de ferviente existencia de color de fuego. Nos dominan y desafían el escepticismo. Una de las mayores tragedias de mi vida es la muerte de Lucien de Rubempre. Es una pena de la que nunca he podido librarme por completo. Me persigue en mis momentos de placer. Me acuerdo de ella cuando me río. Pero Balzac no es más realista de lo que lo fue Holbein. Él creó la vida, no la copió. Admito, sin embargo, que concedió un valor demasiado alto a la modernidad de la forma y que, en consecuencia, no hay ningún libro suyo que, como obra maestra artística, pueda compararse con *Salammbô* o *Esmond*, o *El claustro y el hogar*, o el *Vizconde de Bragelonne*.

CYRIL. ¿Te opones entonces a la modernidad de las formas?

VIVIAN. Sí, es un precio enorme a pagar por un resultado muy pobre. La modernidad pura de la forma siempre es algo vulgarizante. No puede evitar serlo. El público se imagina que, como se interesa por su entorno inmediato, el arte debería interesarse también por él y tomarlo como tema. Pero el mero hecho de que se interesen por esas cosas las convierte en temas inadecuados para el Arte. Las únicas cosas bellas, como alguien dijo una vez, son las que no nos interesan. Mientras una cosa nos sea útil o necesaria, o nos afecte de algún modo, ya sea por dolor o por placer, o apele fuertemente a nuestras simpatías, o sea una parte vital del entorno en el que vivimos, está fuera de la esfera propia del arte. La materia del arte debería resultarnos más o menos indiferente.

matter we should be more or less indifferent. We should, at any rate, have no preferences, no prejudices, no partisan feeling of any kind. It is exactly because Hecuba is nothing to us that her sorrows are such an admirable motive for a tragedy. I do not know anything in the whole history of literature sadder than the artistic career of Charles Reade. He wrote one beautiful book, *The Cloister and the Hearth,* a book as much above *Romola* as *Romola* is above *Daniel Deronda,* and wasted the rest of his life in a foolish attempt to be modern, to draw public attention to the state of our convict prisons, and the management of our private lunatic asylums. Charles Dickens was depressing enough in all conscience when he tried to arouse our sympathy for the victims of the poor-law administration; but Charles Reade, an artist, a scholar, a man with a true sense of beauty, raging and roaring over the abuses of contemporary life like a common pamphleteer or a sensational journalist, is really a sight for the angels to weep over. Believe me, my dear Cyril, modernity of form and modernity of subject-matter are entirely and absolutely wrong. We have mistaken the common livery of the age for the vesture of the Muses, and spend our days in the sordid streets and hideous suburbs of our vile cities when we should be out on the hillside with Apollo. Certainly we are a degraded race, and have sold our birthright for a mess of facts.

CYRIL. There is something in what you say, and there is no doubt that whatever amusement we may find in reading a purely model novel, we have rarely any artistic pleasure in re-reading it. And this is perhaps the best rough test of what is literature and what is not. If one cannot enjoy reading a book over and over again, there is no use reading it at all. But what do you say about the return to Life and Nature? This is the panacea that is always being recommended to us.

VIVIAN. I will read you what I say on that subject. The passage comes later on in the article, but I may as well give it to you now:-

'The popular cry of our time is "Let us return to Life and Nature; they will recreate Art for us, and send the red blood coursing through her veins; they will shoe her feet with swiftness and make her hand strong." But, alas! we are mistaken in our amiable and well-meaning efforts. Nature is always behind the age. And as for Life, she is the solvent that breaks up Art, the enemy that lays waste her house.'

En todo caso, no deberíamos tener preferencias, ni prejuicios, ni sentimientos partidistas de ningún tipo. Precisamente porque Hécuba no es nada para nosotros, sus penas son un motivo tan admirable para una tragedia. No conozco nada en toda la historia de la literatura más triste que la carrera artística de Charles Reade. Escribió un hermoso libro, *El claustro y el hogar,* un libro tan superior a *Romola* como *Romola* lo es a *Daniel Deronda,* y desperdició el resto de su vida en un tonto intento de ser moderno, de llamar la atención del público sobre el estado de nuestras prisiones de convictos y la gestión de nuestros asilos mentales privados. Charles Dickens era suficientemente deprimente en conciencia cuando intentaba despertar nuestra simpatía por las víctimas de la administración de la ley de pobres; pero Charles Reade, un artista, un erudito, un hombre con un verdadero sentido de la belleza, enfureciéndose y bramando sobre los abusos de la vida contemporánea como un vulgar panfletista o un periodista sensacionalista, es realmente un espectáculo para que lloren los ángeles. Créeme, mi querido Cyril, la modernidad de la forma y la modernidad del tema están total y absolutamente equivocadas. Hemos confundido la librea común de la época con la vestimenta de las Musas, y pasamos nuestros días en las sórdidas calles y en los horribles suburbios de nuestras viles ciudades cuando deberíamos estar en la ladera con Apolo. Ciertamente somos una raza degradada, y hemos vendido nuestro derecho de nacimiento por un lío de hechos.

CYRIL. Hay algo de razón en lo que dices, y no cabe duda de que, por mucha diversión que podamos encontrar en la lectura de una novela puramente modélica, rara vez tenemos placer artístico en releerla. Y esta es quizá la mejor prueba aproximada de lo que es literatura y lo que no lo es. Si uno no puede disfrutar leyendo un libro una y otra vez, no tiene sentido leerlo en absoluto. Pero, ¿qué me dices de la vuelta a la Vida y a la Naturaleza? Esta es la panacea que siempre se nos recomienda.

VIVIAN. Te leeré lo que digo sobre ese tema. El pasaje viene más adelante en el artículo, pero bien puedo otorgártelo ahora:

«El grito popular de nuestro tiempo es "Volvamos a la Vida y a la Naturaleza; ellas recrearán el Arte para nosotros y harán correr la sangre roja por sus venas; calzarán sus pies con rapidez y harán fuerte su mano". Pero, ¡ay! nos equivocamos en nuestros amables y bienintencionados esfuerzos. La Naturaleza siempre va por detrás de la era. Y en cuanto a la Vida, ella es el disolvente que deshace el Arte, el enemigo que asola su casa».

CYRIL. What do you mean by saying that Nature is always behind the age?

VIVIAN. Well, perhaps that is rather cryptic. What I mean is this. If we take Nature to mean natural simple instinct as opposed to self-conscious culture, the work produced under this influence is always old-fashioned, antiquated, and out of date. One touch of Nature may make the whole world kin, but two touches of Nature will destroy any work of Art. If, on the other hand, we regard Nature as the collection of phenomena external to man, people only discover in her what they bring to her. She has no suggestions of her own. Wordsworth went to the lakes, but he was never a lake poet. He found in stones the sermons he had already hidden there. He went moralising about the district, but his good work was produced when he returned, not to Nature but to poetry. Poetry gave him Laodamia, and the fine sonnets, and the great Ode, such as it is. Nature gave him Martha Ray and Peter Bell, and the address to Mr. Wilkinson's spade.

CYRIL. I think that view might be questioned. I am rather inclined to believe in 'the impulse from a vernal wood,' though of course the artistic value of such an impulse depends entirely on the kind of temperament that receives it, so that the return to Nature would come to mean simply the advance to a great personality. You would agree with that, I fancy. However, proceed with your article.

VIVIAN *(reading)*. 'Art begins with abstract decoration, with purely imaginative and pleasurable work dealing with what is unreal and non-existent. This is the first stage. Then Life becomes fascinated with this new wonder, and asks to be admitted into the charmed circle. Art takes life as part of her rough material, recreates it, and refashions it in fresh forms, is absolutely indifferent to fact, invents, imagines, dreams, and keeps between herself and reality the impenetrable barrier of beautiful style, of decorative or ideal treatment. The third stage is when Life gets the upper hand, and drives Art out into the wilderness. That is the true decadence, and it is from this that we are now suffering.

'Take the case of the English drama. At first in the hands of the

CYRIL. ¿Qué quieres decir con que la Naturaleza siempre va por detrás de la edad?

VIVIAN. Bueno, quizás eso sea bastante críptico. Lo que quiero decir es lo siguiente. Si tomamos la Naturaleza como el simple instinto natural en oposición a la cultura autoconsciente, la obra producida bajo esta influencia es siempre anticuada, pasada de moda y desfasada. Un toque de Naturaleza puede hacer que todo el mundo sea amable, pero dos toques de Naturaleza destruirán cualquier obra de Arte. Si, por el contrario, consideramos la Naturaleza como el conjunto de fenómenos externos al hombre, la gente sólo descubre en ella lo que le aporta. Ella no tiene sugerencias propias. Wordsworth fue a los lagos, pero nunca fue un poeta lacustre. Encontró en las piedras los sermones que ya había escondido allí. Fue a moralizar por la comarca, pero su buena obra se produjo cuando regresó, no a la Naturaleza, sino a la poesía. La poesía le dio Laodamia, y los finos sonetos, y la gran Oda, tal como es. La Naturaleza le dio a Martha Ray y a Peter Bell, y la dirección de la pala de Mr. Wilkinson.

CYRIL. Creo que ese punto de vista podría cuestionarse. Me inclino más bien a creer en «el impulso de un bosque vernal», aunque, por supuesto, el valor artístico de tal impulso depende por completo del tipo de temperamento que lo recibe, de modo que el regreso a la Naturaleza vendría a significar simplemente el avance hacia una gran personalidad. Tú estarías de acuerdo con eso, me imagino. Sin embargo, prosigue con tu artículo.

VIVIAN *(leyendo)*. «El arte comienza con la decoración abstracta, con un trabajo puramente imaginativo y placentero que trata de lo que es irreal e inexistente. Esta es la primera etapa. Entonces la vida se fascina con esta nueva maravilla y pide ser admitida en el círculo encantado. El arte toma la vida como parte de su material en bruto, la recrea y la refunde en formas frescas, es absolutamente indiferente a los hechos, inventa, imagina, sueña, y mantiene entre ella y la realidad la barrera impenetrable del estilo bello, del tratamiento decorativo o ideal. La tercera etapa es cuando la Vida se impone y expulsa al Arte al desierto. Ésa es la verdadera decadencia, y es la que ahora estamos sufriendo.

«Tomemos el caso del drama inglés. Al principio, en manos de los

monks Dramatic Art was abstract, decorative and mythological. Then she enlisted Life in her service, and using some of life's external forms, she created an entirely new race of beings, whose sorrows were more terrible than any sorrow man has ever felt, whose joys were keener than lover's joys, who had the rage of the Titans and the calm of the gods, who had monstrous and marvellous sins, monstrous and marvellous virtues. To them she gave a language different from that of actual use, a language full of resonant music and sweet rhythm, made stately by solemn cadence, or made delicate by fanciful rhyme, jewelled with wonderful words, and enriched with lofty diction. She clothed her children in strange raiment and gave them masks, and at her bidding the antique world rose from its marble tomb. A new Caesar stalked through the streets of risen Rome, and with purple sail and flute-led oars another Cleopatra passed up the river to Antioch. Old myth and legend and dream took shape and substance. History was entirely re-written, and there was hardly one of the dramatists who did not recognise that the object of Art is not simple truth but complex beauty. In this they were perfectly right. Art itself is really a form of exaggeration; and selection, which is the very spirit of art, is nothing more than an intensified mode of over-emphasis.

'But Life soon shattered the perfection of the form. Even in Shakespeare we can see the beginning of the end. It shows itself by the gradual breaking-up of the blank-verse in the later plays, by the predominance given to prose, and by the over-importance assigned to characterisation. The passages in Shakespeare—and they are many—where the language is uncouth, vulgar, exaggerated, fantastic, obscene even, are entirely due to Life calling for an echo of her own voice, and rejecting the intervention of beautiful style, through which alone should life be suffered to find expression. Shakespeare is not by any means a flawless artist. He is too fond of going directly to life, and borrowing life's natural utterance. He forgets that when Art surrenders her imaginative medium she surrenders everything. Goethe says, somewhere -

In der Beschrankung zeigt Sich erst der Meister,

"It is in working within limits that the master reveals himself," and the limitation, the very condition of any art is style. However, we need

monjes, el arte dramático era abstracto, decorativo y mitológico. Luego alistó a la Vida a su servicio, y utilizando algunas de las formas externas de la vida, creó una raza de seres completamente nueva, cuyas penas eran más terribles que cualquier pena que el hombre haya sentido jamás, cuyas alegrías eran más agudas que las alegrías de los amantes, que tenían la furia de los Titanes y la calma de los dioses, que tenían pecados monstruosos y maravillosos, virtudes monstruosas y maravillosas. A ellos les dio un lenguaje diferente del de uso real, un lenguaje lleno de música resonante y ritmo dulce, hecho majestuoso por la cadencia solemne, o hecho delicado por la rima fantasiosa, enjoyado con palabras maravillosas y enriquecido con dicción elevada. Vistió a sus hijos con extraños ropajes y les dio máscaras, y a su mandato el mundo antiguo se levantó de su tumba de mármol. Un nuevo César se paseó por las calles de la Roma resurgida, y con velas púrpuras y remos dirigidos por flautas otra Cleopatra remontó el río hasta Antioquía. El viejo mito, la leyenda y el sueño cobraron forma y sustancia. La Historia se reescribió por completo, y apenas hubo uno de los dramaturgos que no reconociera que el objeto del Arte no es la simple verdad, sino la belleza compleja. En esto tenían toda la razón. El arte en sí es realmente una forma de exageración; y la selección, que es el espíritu mismo del arte, no es más que un modo intensificado de exageración.

«Pero la vida pronto hizo añicos la perfección de la forma. Incluso en Shakespeare podemos ver el principio del fin. Se manifiesta por la ruptura gradual del verso en blanco en las últimas obras, por el predominio dado a la prosa y por la excesiva importancia asignada a la caracterización. Los pasajes de Shakespeare —y son muchos— en los que el lenguaje es tosco, vulgar, exagerado, fantástico, incluso obsceno, se deben enteramente a que la vida pide el eco de su propia voz y rechaza la intervención de un estilo bello, a través del cual sólo debería permitirse que la vida encontrara su expresión. Shakespeare no es en absoluto un artista impecable. Le gusta demasiado ir directamente a la vida y tomar prestada su expresión natural. Olvida que cuando el Arte renuncia a su medio imaginativo lo renuncia todo. Goethe dice, en alguna parte

«In der Beschrankung zeigt Sich erst der Meister,

«"Es trabajando dentro de los límites que el maestro se revela", y la limitación, la condición misma de cualquier arte es el estilo. Sin embar-

not linger any longer over Shakespeare's realism. *The Tempest* is the most perfect of palinodes. All that we desired to point out was, that the magnificent work of the Elizabethan and Jacobean artists contained within itself the seeds of its own dissolution, and that, if it drew some of its strength from using life as rough material, it drew all its weakness from using life as an artistic method. As the inevitable result of this substitution of an imitative for a creative medium, this surrender of an imaginative form, we have the modern English melodrama. The characters in these plays talk on the stage exactly as they would talk off it; they have neither aspirations nor aspirates; they are taken directly from life and reproduce its vulgarity down to the smallest detail; they present the gait, manner, costume and accent of real people; they would pass unnoticed in a third-class railway carriage. And yet how wearisome the plays are! They do not succeed in producing even that impression of reality at which they aim, and which is their only reason for existing. As a method, realism is a complete failure.

'What is true about the drama and the novel is no less true about those arts that we call the decorative arts. The whole history of these arts in Europe is the record of the struggle between Orientalism, with its frank rejection of imitation, its love of artistic convention, its dislike to the actual representation of any object in Nature, and our own imitative spirit. Wherever the former has been paramount, as in Byzantium, Sicily and Spain, by actual contact, or in the rest of Europe by the influence of the Crusades, we have had beautiful and imaginative work in which the visible things of life are transmuted into artistic conventions, and the things that Life has not are invented and fashioned for her delight. But wherever we have returned to Life and Nature, our work has always become vulgar, common and uninteresting. Modern tapestry, with its aerial effects, its elaborate perspective, its broad expanses of waste sky, its faithful and laborious realism, has no beauty whatsoever. The pictorial glass of Germany is absolutely detestable. We are beginning to weave possible carpets in England, but only because we have returned to the method and spirit of the East. Our rugs and carpets of twenty years ago, with their solemn depressing truths, their inane worship of Nature, their sordid reproductions of visible objects, have become, even to the Philistine, a source of laughter. A cultured Mahomedan once remarked to us, "You Christians are so occupied in misinterpreting the fourth com-

go, no necesitamos detenernos más en el realismo de Shakespeare. *La tempestad* es la más perfecta de las palinodias. Todo lo que deseábamos señalar era que la magnífica obra de los artistas isabelinos y jacobinos contenía en sí misma las semillas de su propia disolución y que, si extraía parte de su fuerza de utilizar la vida como material en bruto, extraía toda su debilidad de utilizar la vida como método artístico. Como resultado inevitable de esta sustitución de un medio imitativo por uno creativo, de esta renuncia a una forma imaginativa, tenemos el moderno melodrama inglés. Los personajes de estas obras hablan en el escenario exactamente como hablarían fuera de él; no tienen aspiraciones ni aspiradores; están tomados directamente de la vida y reproducen su vulgaridad hasta el más mínimo detalle; presentan los andares, las maneras, el vestuario y el acento de la gente real; pasarían desapercibidos en un vagón de tren de tercera clase. Y sin embargo, ¡qué cansinas son las obras! No consiguen producir ni siquiera esa impresión de realidad a la que aspiran y que es su única razón de existir. Como método, el realismo es un completo fracaso.

«Lo que es cierto sobre el drama y la novela no lo es menos sobre esas artes que llamamos artes decorativas. Toda la historia de estas artes en Europa es el registro de la lucha entre el orientalismo, con su franco rechazo a la imitación, su amor a las convenciones artísticas, su aversión a la representación real de cualquier objeto de la Naturaleza, y nuestro propio espíritu imitativo. Allí donde ha primado el primero, como en Bizancio, Sicilia y España, por el contacto real, o en el resto de Europa por la influencia de las Cruzadas, hemos tenido obras bellas e imaginativas en las que las cosas visibles de la vida se transmutan en convenciones artísticas, y las cosas que la Vida no tiene se inventan y modelan para su deleite. Pero allí donde hemos vuelto a la Vida y a la Naturaleza, nuestro trabajo siempre se ha vuelto vulgar, común y carente de interés. El tapiz moderno, con sus efectos aéreos, su perspectiva elaborada, sus amplias extensiones de cielo baldío, su realismo fiel y laborioso, no tiene belleza alguna. El cristal pictórico de Alemania es absolutamente detestable. En Inglaterra estamos empezando a tejer alfombras que tienen posibilidades, pero sólo porque hemos vuelto al método y al espíritu de Oriente. Nuestras alfombras y tapices de hace veinte años, con sus solemnes verdades deprimentes, su inane culto a la Naturaleza, sus sórdidas reproducciones de objetos visibles, se han convertido, incluso para el filisteo, en motivo de risa. Un mahometano culto nos comentó una vez: "Ustedes, los cristianos, están tan ocupados en malinterpretar el cuarto

mandment that you have never thought of making an artistic appli-
cation of the second." He was perfectly right, and the whole truth of
the matter is this: The proper school to learn art in is not Life but Art.'

And now let me read you a passage which seems to me to settle the
question very completely.

'It was not always thus. We need not say anything about the poets, for they, with the unfortunate exception of Mr. Wordsworth, have
been really faithful to their high mission, and are universally recognised as being absolutely unreliable. But in the works of Herodotus,
who, in spite of the shallow and ungenerous attempts of modern sci-
olists to verify his history, may justly be called the "Father of Lies"; in
the published speeches of Cicero and the biographies of Suetonius;
in Tacitus at his best; in Pliny's *Natural History;* in Hanno's *Periplus;*
in all the early chronicles; in the Lives of the Saints; in Froissart and
Sir Thomas Malory; in the travels of Marco Polo; in Olaus Magnus,
and Aldrovandus, and Conrad Lycosthenes, with his magnificent *Prodigiorum et Ostentorum Chronicon;* in the autobiography of Benvenuto
Cellini; in the memoirs of Casanova; in Defoe's *History of the Plague;* in
Boswell's *Life of Johnson;* in Napoleon's despatches, and in the works
of our own Carlyle, whose *French Revolution* is one of the most fascinating historical novels ever written, facts are either kept in their
proper subordinate position, or else entirely excluded on the general
ground of dulness. Now, everything is changed. Facts are not merely
finding a footing-place in history, but they are usurping the domain
of Fancy, and have invaded the kingdom of Romance. Their chilling
touch is over everything. They are vulgarising mankind. The crude
commercialism of America, its materialising spirit, its indifference
to the poetical side of things, and its lack of imagination and of high
unattainable ideals, are entirely due to that country having adopted
for its national hero a man who, according to his own confession, was
incapable of telling a lie, and it is not too much to say that the story
of George Washington and the cherry-tree has done more harm, and
in a shorter space of time, than any other moral tale in the whole of
literature.'

CYRIL. My dear boy!

VIVIAN. I assure you it is the case, and the amusing part of the

mandamiento que nunca se les ha ocurrido hacer una aplicación artística del segundo". Tenía toda la razón, y la verdad del asunto es esta: La escuela adecuada para aprender arte no es la Vida, sino el Arte».

Y ahora permítame leerle un pasaje que me parece que zanja la cuestión por completo.

«No siempre fue así. No necesitamos decir nada sobre los poetas, ya que ellos, con la desafortunada excepción de Mr. Wordsworth, han sido realmente fieles a su elevada misión, y son universalmente reconocidos como absolutamente poco fiables. Pero en las obras de Heródoto, quien, a pesar de los superficiales y poco generosos intentos de los científicos modernos por verificar su historia, puede ser llamado con justicia el "Padre de la Mentira"; en los discursos publicados de Cicerón y las biografías de Suetonio; en Tácito en su mejor momento; en la *Historia natural* de Plinio; en el *Periplus* de Hanno; en todas las crónicas antiguas; en las vidas de los santos; en Froissart y Sir Thomas Malory; en los viajes de Marco Polo; en Olaus Magnus, y Aldrovandus, y Conrad Lycosthenes, con su magnífico *Prodigiorum et Ostentorum Chronicon;* en la autobiografía de Benvenuto Cellini; en las memorias de Casanova; en la *Historia de la peste* de Defoe; en la *Vida de Johnson* de Boswell; en los despachos de Napoleón, y en las obras de nuestro propio Carlyle, cuya *Revolución francesa* es una de las novelas históricas más fascinantes jamás escritas, los hechos se mantienen en su debida posición subordinada, o bien se excluyen por completo por el motivo general de su torpeza. Ahora, todo ha cambiado. Los hechos no sólo están encontrando un lugar en la historia, sino que están usurpando el dominio de la Fantasía, y han invadido el reino del Romanticismo. Su toque escalofriante lo invade todo. Están vulgarizando a la humanidad. El crudo comercialismo de América, su espíritu materialista, su indiferencia hacia el lado poético de las cosas, y su falta de imaginación y de altos ideales inalcanzables, se deben enteramente a que ese país adoptó como héroe nacional a un hombre que, según su propia confesión, era incapaz de decir una mentira, y no es demasiado decir que la historia de George Washington y el cerezo ha hecho más daño, y en un espacio de tiempo más corto, que cualquier otro cuento moral de toda la literatura».

CYRIL. ¡Mi querido muchacho!

VIVIAN. Te aseguro que es así, y lo más divertido de todo es que la his-

whole thing is that the story of the cherry-tree is an absolute myth. However, you must not think that I am too despondent about the artistic future either of America or of our own country. Listen to this:-

'That some change will take place before this century has drawn to its close we have no doubt whatsoever. Bored by the tedious and improving conversation of those who have neither the wit to exaggerate nor the genius to romance, tired of the intelligent person whose reminiscences are always based upon memory, whose statements are invariably limited by probability, and who is at any time liable to be corroborated by the merest Philistine who happens to be present, Society sooner or later must return to its lost leader, the cultured and fascinating liar. Who he was who first, without ever having gone out to the rude chase, told the wandering cavemen at sunset how he had dragged the Megatherium from the purple darkness of its jasper cave, or slain the Mammoth in single combat and brought back its gilded tusks, we cannot tell, and not one of our modern anthropologists, for all their much-boasted science, has had the ordinary courage to tell us. Whatever was his name or race, he certainly was the true founder of social intercourse. For the aim of the liar is simply to charm, to delight, to give pleasure. He is the very basis of civilised society, and without him a dinner-party, even at the mansions of the great, is as dull as a lecture at the Royal Society, or a debate at the Incorporated Authors, or one of Mr. Burnand's farcical comedies.

'Nor will he be welcomed by society alone. Art, breaking from the prison-house of realism, will run to greet him, and will kiss his false, beautiful lips, knowing that he alone is in possession of the great secret of all her manifestations, the secret that Truth is entirely and absolutely a matter of style; while Life—poor, probable, uninteresting human life—tired of repeating herself for the benefit of Mr. Herbert Spencer, scientific historians, and the compilers of statistics in general, will follow meekly after him, and try to reproduce, in her own simple and untutored way, some of the marvels of which he talks.

'No doubt there will always be critics who, like a certain writer in the *Saturday Review,* will gravely censure the teller of fairy tales for his defective knowledge of natural history, who will measure imagina-

toria del cerezo es un mito absoluto. Sin embargo, no debes pensar que estoy demasiado descorazonado sobre el futuro artístico ni de América ni de nuestro propio país. Escucha esto:

«No nos cabe la menor duda de que se producirá algún cambio antes de que este siglo haya llegado a su fin. Aburrida por la tediosa y mejorable conversación de quienes no tienen ni el ingenio para exagerar ni el genio para el romanticismo, cansada de la persona inteligente cuyas reminiscencias se basan siempre en la memoria, cuyas afirmaciones están invariablemente limitadas por la probabilidad, y que en cualquier momento está expuesta a ser corroborada por el mero filisteo que pase por allí, la sociedad tarde o temprano debe volver a su líder perdido, el mentiroso culto y fascinante. Quién fue el primero que, sin haber salido nunca a la ruda caza, contó a los cavernícolas errantes al atardecer cómo había sacado al Megaterio de la oscuridad púrpura de su cueva de jaspe, o matado al Mamut en combate singular y traído de vuelta sus colmillos dorados, no podemos decirlo, y ni uno solo de nuestros antropólogos modernos, a pesar de toda su tan cacareada ciencia, ha tenido el valor ordinario de decírnoslo. Sea cual fuere su nombre o su raza, sin duda fue el verdadero fundador de las relaciones sociales. Porque el objetivo del mentiroso es simplemente encantar, deleitar, dar placer. Es la base misma de la sociedad civilizada, y sin él una cena, incluso en las mansiones de los grandes, es tan aburrida como una conferencia en la Royal Society, o un debate en la Incorporated Authors, o una de las comedias farsescas de Mr. Burnand.

«Tampoco será bienvenido sólo por la sociedad. El Arte, escapando de la prisión del realismo, correrá a saludarle y besará sus labios falsos y hermosos, sabiendo que sólo él está en posesión del gran secreto de todas sus manifestaciones, el secreto de que la Verdad es total y absolutamente una cuestión de estilo; mientras que la Vida —la pobre, probable y poco interesante vida humana—, cansada de repetirse en beneficio de Mr. Herbert Spencer, los historiadores científicos y los compiladores de estadísticas en general, le seguirá mansamente y tratará de reproducir, a su manera sencilla e inculta, algunas de las maravillas de las que él habla.

«Sin duda, siempre habrá críticos que, como cierto escritor del *Saturday Review,* censurarán gravemente al narrador de cuentos de hadas por su defectuoso conocimiento de la historia natural, que medirán el

tive work by their own lack of any imaginative faculty, and will hold up their ink-stained hands in horror if some honest gentleman, who has never been farther than the yew-trees of his own garden, pens a fascinating book of travels like Sir John Mandeville, or, like great Raleigh, writes a whole history of the world, without knowing anything whatsoever about the past. To excuse themselves they will try and shelter under the shield of him who made Prospero the magician, and gave him Caliban and Ariel as his servants, who heard the Tritons blowing their horns round the coral reefs of the Enchanted Isle, and the fairies singing to each other in a wood near Athens, who led the phantom kings in dim procession across the misty Scottish heath, and hid Hecate in a cave with the weird sisters. They will call upon Shakespeare—they always do—and will quote that hackneyed passage forgetting that this unfortunate aphorism about Art holding the mirror up to Nature, is deliberately said by Hamlet in order to convince the bystanders of his absolute insanity in all art-matters.'

CYRIL. Ahem! Another cigarette, please.

VIVIAN. My dear fellow, whatever you may say, it is merely a dramatic utterance, and no more represents Shakespeare's real views upon art than the speeches of Iago represent his real views upon morals. But let me get to the end of the passage:

'Art finds her own perfection within, and not outside of, herself. She is not to be judged by any external standard of resemblance. She is a veil, rather than a mirror. She has flowers that no forests know of, birds that no woodland possesses. She makes and unmakes many worlds, and can draw the moon from heaven with a scarlet thread. Hers are the "forms more real than living man," and hers the great archetypes of which things that have existence are but unfinished copies. Nature has, in her eyes, no laws, no uniformity. She can work miracles at her will, and when she calls monsters from the deep they come. She can bid the almond-tree blossom in winter, and send the snow upon the ripe cornfield. At her word the frost lays its silver finger on the burning mouth of June, and the winged lions creep out from the hollows of the Lydian hills. The dryads peer from the thicket as she passes by, and the brown fauns smile strangely at her when she comes near them. She has hawk-faced gods that worship her, and the centaurs gallop at her side.'

trabajo imaginativo por su propia falta de toda facultad imaginativa, y levantarán sus manos manchadas de tinta con horror si algún caballero honesto, que nunca ha ido más lejos que los tejos de su propio jardín, escribe un fascinante libro de viajes como Sir John Mandeville, o, como el gran Raleigh, escribe toda una historia del mundo, sin saber absolutamente nada del pasado. Para excusarse, intentarán cobijarse bajo el escudo de aquel que hizo a Próspero el mago, y le dio a Calibán y Ariel como sus sirvientes, que oyó a los Tritones soplar sus cuernos alrededor de los arrecifes de coral de la Isla Encantada, y a las hadas cantarse entre sí en un bosque cercano a Atenas, que condujo a los reyes fantasmas en tenue procesión por los brumosos brezales escoceses, y escondió a Hécate en una cueva con las extrañas hermanas. Invocarán a Shakespeare —siempre lo hacen— y citarán ese trillado pasaje olvidando que ese desafortunado aforismo sobre el Arte que sostiene el espejo frente a la Naturaleza, es dicho deliberadamente por Hamlet para convencer a los espectadores de su absoluta locura en todos los asuntos de arte».

CYRIL. ¡Ejem! Otro cigarrillo, por favor.

VIVIAN. Mi querido amigo, digas lo que digas, no es más que una expresión dramática, y no representa más las verdaderas opiniones de Shakespeare sobre el arte que los discursos de Yago sus verdaderas opiniones sobre la moral. Pero permítame llegar al final del pasaje:

«El arte encuentra su propia perfección dentro, y no fuera de sí mismo. No debe ser juzgado por ninguna norma externa de semejanza. Es un velo, más que un espejo. Tiene flores que ningún bosque conoce, pájaros que ningún bosque posee. Hace y deshace muchos mundos, y puede atraer la luna del cielo con un hilo escarlata. Suyas son las "formas más reales que el hombre vivo", y suyos los grandes arquetipos de los que las cosas que tienen existencia no son sino copias inacabadas. La naturaleza no tiene, a sus ojos, ninguna ley, ninguna uniformidad. El Arte puede obrar milagros a su antojo, y cuando llama a los monstruos de las profundidades, éstos acuden. Puede ordenar al almendro que florezca en invierno, y enviar la nieve sobre el maizal maduro. A su palabra, la escarcha pone su dedo de plata en la ardiente boca de junio, y los leones alados se arrastran desde las hondonadas de las colinas lidias. Las dríades se asoman desde la espesura cuando pasa, y los faunos pardos le sonríen extrañamente cuando se acerca a ellos. Tiene dioses con cara de halcón que le adoran, y los centauros galopan a su lado».

CYRIL. I like that. I can see it. Is that the end?

VIVIAN. No. There is one more passage, but it is purely practical. It simply suggests some methods by which we could revive this lost art of Lying.

CYRIL. Well, before you read it to me, I should like to ask you a question. What do you mean by saying that life, 'poor, probable, uninteresting human life,' will try to reproduce the marvels of art? I can quite understand your objection to art being treated as a mirror. You think it would reduce genius to the position of a cracked looking-glass. But you don't mean to say that you seriously believe that Life imitates Art, that Life in fact is the mirror, and Art the reality?

VIVIAN. Certainly I do. Paradox though it may seem—and paradoxes are always dangerous things—it is none the less true that Life imitates art far more than Art imitates life. We have all seen in our own day in England how a certain curious and fascinating type of beauty, invented and emphasised by two imaginative painters, has so influenced Life that whenever one goes to a private view or to an artistic salon one sees, here the mystic eyes of Rossetti's dream, the long ivory throat, the strange square-cut jaw, the loosened shadowy hair that he so ardently loved, there the sweet maidenhood of The Golden Stair, the blossom-like mouth and weary loveliness of the Laus Amoris, the passion-pale face of Andromeda, the thin hands and lithe beauty of the Vivian in Merlin's Dream. And it has always been so. A great artist invents a type, and Life tries to copy it, to reproduce it in a popular form, like an enterprising publisher. Neither Holbein nor Vandyck found in England what they have given us. They brought their types with them, and Life with her keen imitative faculty set herself to supply the master with models. The Greeks, with their quick artistic instinct, understood this, and set in the bride's chamber the statue of Hermes or of Apollo, that she might bear children as lovely as the works of art that she looked at in her rapture or her pain. They knew that Life gains from art not merely spirituality, depth of thought and feeling, soul-turmoil or soul-peace, but that she can form herself on the very lines and colours of art, and can reproduce the dignity of Pheidias as well as the grace of Praxiteles. Hence came their objection to realism. They disliked it on purely social grounds. They felt that it inevitably makes people ugly, and they

CYRIL. Eso me gusta. Puedo verlo. ¿Es el final?

VIVIAN. No. Hay un pasaje más, pero es puramente práctico. Simplemente sugiere algunos métodos por los que podríamos revivir este arte perdido de la Mentira.

CYRIL. Bueno, antes de que me lo leas, me gustaría hacerte una pregunta. ¿Qué quieres decir con que la vida, «la pobre, probable y poco interesante vida humana», intentará reproducir las maravillas del arte? Puedo entender perfectamente tu objeción a que el arte sea tratado como un espejo. Tú crees que reduciría al genio a la posición de un espejo agrietado. Pero, ¿no querrás decir que crees seriamente que la Vida imita al Arte, que la Vida es de hecho el espejo, y el Arte la realidad?

VIVIAN. Desde luego que sí. Por paradójico que parezca —y las paradojas son siempre cosas peligrosas— no es menos cierto que la Vida imita al arte mucho más que el Arte a la vida. Todos hemos visto en nuestros días en Inglaterra cómo cierto curioso y fascinante tipo de belleza, inventado y enfatizado por dos pintores imaginativos, ha influido tanto en la Vida que siempre que uno va a una visita privada o a un salón artístico ve, aquí los ojos místicos del sueño de Rossetti, la larga garganta de marfil, la extraña mandíbula de corte cuadrado, el cabello suelto y sombrío que tan ardientemente amaba, allí la dulce doncellez de «La escalera de oro», la boca en flor y la cansada hermosura del Laus Amoris, el rostro pálido como la pasión de Andrómeda, las manos delgadas y la belleza ágil de la Vivian del Sueño de Merlín. Y siempre ha sido así. Un gran artista inventa un tipo, y la vida intenta copiarlo, reproducirlo de forma popular, como un editor emprendedor. Ni Holbein ni van Dyck encontraron en Inglaterra lo que nos han dado. Trajeron consigo sus tipos, y la Vida, con su aguda facultad imitativa, se puso a suministrar modelos al maestro. Los griegos, con su rápido instinto artístico, comprendieron esto, y colocaron en la cámara de la novia la estatua de Hermes o de Apolo, para que diera a luz hijos tan encantadores como las obras de arte que contemplaba en su arrobamiento o en su dolor. Sabían que la vida obtiene del arte no sólo espiritualidad, profundidad de pensamiento y sentimiento, turbación del alma o paz del alma, sino que puede formarse a sí misma sobre las mismas líneas y colores del arte, y puede reproducir la dignidad de Fidias así como la gracia de Praxíteles. De ahí su objeción al realismo. Les disgustaba por motivos puramente sociales. Consideraban que inevitablemente afea a la gente, y tenían

were perfectly right. We try to improve the conditions of the race by means of good air, free sunlight, wholesome water, and hideous bare buildings for the better housing of the lower orders. But these things merely produce health, they do not produce beauty. For this, Art is required, and the true disciples of the great artist are not his studio-imitators, but those who become like his works of art, be they plastic as in Greek days, or pictorial as in modern times; in a word, Life is Art's best, Art's only pupil.

    As it is with the visible arts, so it is with literature. The most obvious and the vulgarest form in which this is shown is in the case of the silly boys who, after reading the adventures of Jack Sheppard or Dick Turpin, pillage the stalls of unfortunate apple-women, break into sweet-shops at night, and alarm old gentlemen who are returning home from the city by leaping out on them in suburban lanes, with black masks and unloaded revolvers. This interesting phenomenon, which always occurs after the appearance of a new edition of either of the books I have alluded to, is usually attributed to the influence of literature on the imagination. But this is a mistake. The imagination is essentially creative, and always seeks for a new form. The boy-burglar is simply the inevitable result of life's imitative instinct. He is Fact, occupied as Fact usually is, with trying to reproduce Fiction, and what we see in him is repeated on an extended scale throughout the whole of life. Schopenhauer has analysed the pessimism that characterises modern thought, but Hamlet invented it. The world has become sad because a puppet was once melancholy. The Nihilist, that strange martyr who has no faith, who goes to the stake without enthusiasm, and dies for what he does not believe in, is a purely literary product. He was invented by Tourgenieff, and completed by Dostoieffski. Robespierre came out of the pages of Rousseau as surely as the People's Palace rose out of the *débris* of a novel. Literature always anticipates life. It does not copy it, but moulds it to its purpose. The nineteenth century, as we know it, is largely an invention of Balzac. Our Luciens de Rubempre, our Rastignacs, and De Marsays made their first appearance on the stage of the *Comédie Humaine*. We are merely carrying out, with footnotes and unnecessary additions, the whim or fancy or creative vision of a great novelist. I once asked a lady, who knew Thackeray intimately, whether he had had any model for Becky Sharp. She told me that Becky was an invention, but that

toda la razón. Intentamos mejorar las condiciones de la raza mediante el buen aire, la luz solar, el agua saludable y los horribles edificios desnudos para el mejor alojamiento de los estratos inferiores. Pero estas cosas sólo producen salud, no belleza. Para ello, se necesita el Arte, y los verdaderos discípulos del gran artista no son sus imitadores de estudio, sino aquellos que llegan a ser como sus obras de arte, ya sean plásticas como en la época griega, o pictóricas como en los tiempos modernos; en una palabra, la Vida es la mejor alumna del Arte, la única alumna del Arte.

Al igual que ocurre con las artes visibles, también ocurre con la literatura. La forma más obvia y vulgar en que esto se demuestra es en el caso de los niños tontos que, después de leer las aventuras de Jack Sheppard o Dick Turpin, saquean los puestos de las desafortunadas vendedoras de manzanas, irrumpen en las dulcerías por la noche y alarman a los ancianos caballeros que regresan a casa desde la ciudad saltando sobre ellos en las callejuelas suburbanas, con máscaras negras y revólveres descargados. Este interesante fenómeno, que siempre se produce tras la aparición de una nueva edición de cualquiera de los libros a los que he aludido, suele atribuirse a la influencia de la literatura sobre la imaginación. Pero esto es un error. La imaginación es esencialmente creativa, y siempre busca una nueva forma. El niño-ladrón es simplemente el resultado inevitable del instinto imitativo de la vida. Él es el Hecho, ocupado como suele estarlo el Hecho, en intentar reproducir la Ficción, y lo que vemos en él se repite a gran escala a lo largo de toda la vida. Schopenhauer ha analizado el pesimismo que caracteriza el pensamiento moderno, pero Hamlet lo inventó. El mundo se ha vuelto triste porque una marioneta fue una vez melancólica. El nihilista, ese extraño mártir que no tiene fe, que va a la hoguera sin entusiasmo y muere por lo que no cree, es un producto puramente literario. Fue inventado por Turguénev y completado por Dostoyevski. Robespierre salió de las páginas de Rousseau con la misma seguridad que el Palacio del Pueblo surgió de los *débris* de una novela. La literatura siempre se anticipa a la vida. No la copia, sino que la amolda a su propósito. El siglo XIX, tal y como lo conocemos, es en gran medida una invención de Balzac. Nuestros Luciens de Rubempre, nuestros Rastignacs y De Marsays hicieron su primera aparición en el escenario de la *Comédie humaine.* Nos limitamos a llevar a cabo, con notas a pie de página y añadidos innecesarios, el capricho o la fantasía o la visión creativa de un gran novelista. Una vez pregunté a una dama, que conocía íntimamente a Thackeray, si él había tenido

the idea of the character had been partly suggested by a governess who lived in the neighbourhood of Kensington Square, and was the companion of a very selfish and rich old woman. I inquired what became of the governess, and she replied that, oddly enough, some years after the appearance of *Vanity Fair,* she ran away with the nephew of the lady with whom she was living, and for a short time made a great splash in society, quite in Mrs. Rawdon Crawley's style, and entirely by Mrs. Rawdon Crawley's methods. Ultimately she came to grief, disappeared to the Continent, and used to be occasionally seen at Monte Carlo and other gambling places. The noble gentleman from whom the same great sentimentalist drew Colonel Newcome died, a few months after *The Newcomer* had reached a fourth edition, with the word 'Adsum' on his lips. Shortly after Mr. Stevenson published his curious psychological story of transformation, a friend of mine, called Mr. Hyde, was in the north of London, and being anxious to get to a railway station, took what he thought would be a short cut, lost his way, and found himself in a network of mean, evil-looking streets. Feeling rather nervous he began to walk extremely fast, when suddenly out of an archway ran a child right between his legs. It fell on the pavement, he tripped over it, and trampled upon it. Being of course very much frightened and a little hurt, it began to scream, and in a few seconds the whole street was full of rough people who came pouring out of the houses like ants. They surrounded him, and asked him his name. He was just about to give it when he suddenly remembered the opening incident in Mr. Stevenson's story. He was so filled with horror at having realised in his own person that terrible and well-written scene, and at having done accidentally, though in fact, what the Mr. Hyde of fiction had done with deliberate intent, that he ran away as hard as he could go. He was, however, very closely followed, and finally he took refuge in a surgery, the door of which happened to be open, where he explained to a young assistant, who happened to be there, exactly what had occurred. The humanitarian crowd were induced to go away on his giving them a small sum of money, and as soon as the coast was clear he left. As he passed out, the name on the brass door-plate of the surgery caught his eye. It was 'Jekyll'. At least it should have been.

Here the imitation, as far as it went, was of course accidental. In the following case the imitation was self-conscious. In the year 1879, just after I had left Oxford, I met at a reception at the house of one of the

algún modelo para Becky Sharp. Me dijo que Becky era una invención, pero que la idea del personaje se la había sugerido en parte una institutriz que vivía en los alrededores de Kensington Square, y que era la compañera de una anciana muy egoísta y rica. Pregunté qué había sido de la institutriz y me contestó que, curiosamente, algunos años después de la aparición de *La feria de las vanidades,* se escapó con el sobrino de la señora con la que vivía y durante un breve tiempo causó un gran revuelo en la sociedad, muy al estilo de Mrs. Rawdon Crawley y siguiendo enteramente sus métodos. Al final cayó en desgracia, desapareció en el Continente y se la solía ver de vez en cuando en Montecarlo y otros lugares de juego. El noble caballero del que el mismo gran sentimental sacó el Coronel Newcome murió, pocos meses después de que *El recién llegado* hubiera alcanzado una cuarta edición, con la palabra «Adsum» en los labios. Poco después de que Mr. Stevenson publicara su curiosa historia psicológica de transformación, un amigo mío, llamado Mr. Hyde, se encontraba en el norte de Londres y, ansioso por llegar a una estación de ferrocarril, tomó lo que pensó que sería un atajo, se perdió y se encontró en un entramado de calles peligrosas y de mal aspecto. Sintiéndose bastante nervioso empezó a caminar muy deprisa, cuando de repente de un arco salió corriendo un niño justo entre sus piernas. Cayó al pavimento, tropezó con él y lo pisoteó. Como era natural, muy asustado y un poco herido, empezó a gritar, y en pocos segundos toda la calle estaba llena de gente tosca que salía de las casas como hormigas. Le rodearon y le preguntaron su nombre. Estaba a punto de darlo cuando de repente recordó el incidente inicial de la historia de Mr. Stevenson. Se sintió tan lleno de horror por haber realizado en su propia persona aquella terrible y bien escrita escena, y por haber hecho accidentalmente, aunque de hecho, lo que el Mr. Hyde de la ficción había hecho con deliberada intención, que huyó lo más rápido que pudo. Sin embargo, le siguieron muy de cerca, y finalmente se refugió en un consultorio, cuya puerta casualmente estaba abierta, donde explicó a un joven ayudante, que casualmente se encontraba allí, exactamente lo que había ocurrido. Se indujo a la multitud humanitaria a marcharse cuando les dio una pequeña suma de dinero, y en cuanto todo se serenó se marchó. Al salir, le llamó la atención el nombre que había en la placa de latón de la puerta del consultorio. Era «Jekyll». Al menos debería haberlo sido.

Aquí la imitación, en la medida en que se produjo, fue por supuesto accidental. En el caso siguiente la imitación fue autoconsciente. En el año 1879, justo después de haber dejado Oxford, conocí en una recep-

Foreign Ministers a woman of very curious exotic beauty. We became great friends, and were constantly together. And yet what interested me most in her was not her beauty, but her character, her entire vagueness of character. She seemed to have no personality at all, but simply the possibility of many types. Sometimes she would give herself up entirely to art, turn her drawing-room into a studio, and spend two or three days a week at picture galleries or museums. Then she would take to attending race-meetings, wear the most horsey clothes, and talk about nothing but betting. She abandoned religion for mesmerism, mesmerism for politics, and politics for the melodramatic excitements of philanthropy. In fact, she was a kind of Proteus, and as much a failure in all her transformations as was that wondrous sea-god when Odysseus laid hold of him. One day a serial began in one of the French magazines. At that time I used to read serial stories, and I well remember the shock of surprise I felt when I came to the description of the heroine. She was so like my friend that I brought her the magazine, and she recognised herself in it immediately, and seemed fascinated by the resemblance. I should tell you, by the way, that the story was translated from some dead Russian writer, so that the author had not taken his type from my friend. Well, to put the matter briefly, some months afterwards I was in Venice, and finding the magazine in the reading-room of the hotel, I took it up casually to see what had become of the heroine. It was a most piteous tale, as the girl had ended by running away with a man absolutely inferior to her, not merely in social station, but in character and intellect also. I wrote to my friend that evening about my views on John Bellini, and the admirable ices at Florian's, and the artistic value of gondolas, but added a postscript to the effect that her double in the story had behaved in a very silly manner. I don't know why I added that, but I remember I had a sort of dread over me that she might do the same thing. Before my letter had reached her, she had run away with a man who deserted her in six months. I saw her in 1884 in Paris, where she was living with her mother, and I asked her whether the story had had anything to do with her action. She told me that she had felt an absolutely irresistible impulse to follow the heroine step by step in her strange and fatal progress, and that it was with a feeling of real terror that she had looked forward to the last few chapters of the story. When they appeared, it seemed to her that she was compelled to reproduce them in life, and she did so. It was a most clear example of this imitative instinct of which I was speaking, and an extremely tragic one.

ción en casa de uno de los Ministros de Asuntos Exteriores a una mujer de una belleza exótica muy curiosa. Nos hicimos grandes amigos y estábamos constantemente juntos. Sin embargo, lo que más me interesaba de ella no era su belleza, sino su carácter, toda su vaguedad de carácter. Parecía no tener personalidad en absoluto, sino simplemente la posibilidad de muchos tipos. A veces se entregaba por completo al arte, convertía su salón en un estudio y pasaba dos o tres días a la semana en galerías de cuadros o museos. Luego se aficionaba a asistir a reuniones de carreras, vestía la ropa más hípica y no hablaba de otra cosa que de apuestas. Abandonó la religión por el mesmerismo, el mesmerismo por la política, y la política por las excitaciones melodramáticas de la filantropía. De hecho, era una especie de Proteo, y tan fracasada en todas sus transformaciones como lo fue aquel maravilloso dios del mar cuando Odiseo se apoderó de él. Un día comenzó un serial en una de las revistas francesas. En aquella época yo solía leer historias por entregas, y recuerdo bien el sobresalto de sorpresa que sentí cuando llegué a la descripción de la heroína. Era tan parecida a mi amiga que le llevé la revista, y ella se reconoció en ella inmediatamente, y parecía fascinada por el parecido. Debo decirte, por cierto, que la historia estaba traducida de algún escritor ruso ya fallecido, por lo que el autor no había tomado su tipo de mi amiga. Bien, para resumir el asunto, unos meses después me encontraba en Venecia, y al encontrar la revista en la sala de lectura del hotel, la cogí casualmente para ver qué había sido de la heroína. Era una historia de lo más triste, ya que la chica había acabado huyendo con un hombre absolutamente inferior a ella, no sólo en posición social, sino también en carácter e intelecto. Aquella noche escribí a mi amiga acerca de mis opiniones sobre John Bellini, y los admirables helados de Florian's, y el valor artístico de las góndolas, pero añadí una posdata en el sentido de que su doble en el cuento se había comportado de una manera muy tonta. No sé por qué añadí eso, pero recuerdo que tenía una especie de temor en mí de que ella pudiera hacer lo mismo. Antes de que mi carta llegara a sus manos, se había fugado con un hombre que la abandonó a los seis meses. La vi en 1884 en París, donde vivía con su madre, y le pregunté si la historia había tenido algo que ver con su acción. Me dijo que había sentido un impulso absolutamente irresistible de seguir a la heroína paso a paso en su extraño y fatal progreso, y que había esperado con un sentimiento de verdadero terror los últimos capítulos de la historia. Cuando aparecieron, le pareció que estaba obligada a reproducirlos en vida, y así lo hizo. Era un ejemplo clarísimo de ese instinto imitativo del que hablaba, y extremadamente trágico.

However, I do not wish to dwell any further upon individual instances. Personal experience is a most vicious and limited circle. All that I desire to point out is the general principle that Life imitates Art far more than Art imitates Life, and I feel sure that if you think seriously about it you will find that it is true. Life holds the mirror up to Art, and either reproduces some strange type imagined by painter or sculptor, or realises in fact what has been dreamed in fiction. Scientifically speaking, the basis of life—the energy of life, as Aristotle would call it—is simply the desire for expression, and Art is always presenting various forms through which this expression can be attained. Life seizes on them and uses them, even if they be to her own hurt. Young men have committed suicide because Rolla did so, have died by their own hand because by his own hand Werther died. Think of what we owe to the imitation of Christ, of what we owe to the imitation of Caesar.

CYRIL. The theory is certainly a very curious one, but to make it complete you must show that Nature, no less than Life, is an imitation of Art. Are you prepared to prove that?

VIVIAN. My dear fellow, I am prepared to prove anything.

CYRIL. Nature follows the landscape painter, then, and takes her effects from him?

VIVIAN. Certainly. Where, if not from the Impressionists, do we get those wonderful brown fogs that come creeping down our streets, blurring the gas-lamps and changing the houses into monstrous shadows? To whom, if not to them and their master, do we owe the lovely silver mists that brood over our river, and turn to faint forms of fading grace curved bridge and swaying barge? The extraordinary change that has taken place in the climate of London during the last ten years is entirely due to a particular school of Art. You smile. Consider the matter from a scientific or a metaphysical point of view, and you will find that I am right. For what is Nature? Nature is no great mother who has borne us. She is our creation. It is in our brain that she quickens to life. Things are because we see them, and what we see, and how we see it, depends on the Arts that have influenced us. To look at a thing is very different from seeing a thing. One does not see anything until one sees its beauty. Then, and then only, does it

Sin embargo, no deseo detenerme más en casos individuales. La experiencia personal es un círculo de lo más vicioso y limitado. Todo lo que deseo señalar es el principio general de que la Vida imita al Arte mucho más de lo que el Arte imita a la Vida, y estoy seguro de que si piensas seriamente en ello descubrirás que es cierto. La vida sostiene el espejo frente al Arte, y o bien reproduce algún tipo extraño imaginado por el pintor o el escultor, o bien realiza de hecho lo que se ha soñado en la ficción. Científicamente hablando, la base de la vida —la energía de la vida, como la llamaría Aristóteles— es simplemente el deseo de expresión, y el Arte siempre está presentando diversas formas a través de las cuales se puede alcanzar esta expresión. La vida se apodera de ellas y las utiliza, aunque sea para su propio perjuicio. Jóvenes se han suicidado porque Rolla lo hizo, han muerto por su propia mano porque por su propia mano murió Werther. Piensa en lo que debemos a la imitación de Cristo, en lo que debemos a la imitación del César.

CYRIL. La teoría es ciertamente muy curiosa, pero para completarla debes demostrar que la Naturaleza, no menos que la Vida, es una imitación del Arte. ¿Estás preparado a probarlo?

VIVIAN. Mi querido amigo, estoy dispuesto a probar cualquier cosa.

CYRIL. ¿La naturaleza sigue al paisajista, entonces, y toma de él sus efectos?

VIVIAN. Ciertamente. ¿De dónde, si no de los impresionistas, sacamos esas maravillosas nieblas pardas que se deslizan por nuestras calles, desdibujando las lámparas de gas y convirtiendo las casas en sombras monstruosas? ¿A quién, si no a ellos y a su maestro, debemos las encantadoras nieblas plateadas que se ciernen sobre nuestro río y convierten en tenues formas de gracia desvanecida el puente curvo y la barcaza oscilante? El extraordinario cambio que se ha producido en el clima de Londres durante los últimos diez años se debe enteramente a una escuela de Arte en particular. Sonríes. Considera el asunto desde un punto de vista científico o metafísico, y comprobarás que tengo razón. Porque, ¿qué es la Naturaleza? La Naturaleza no es una gran madre que nos ha parido. Ella es nuestra creación. Es en nuestro cerebro donde ella cobra vida. Las cosas son porque las vemos, y lo que vemos, y cómo lo vemos, depende de las Artes que han influido en nosotros. Mirar una cosa es muy diferente de ver una cosa. Uno no ve nada hasta que ve su belleza.

come into existence. At present, people see fogs, not because there are fogs, but because poets and painters have taught them the mysterious loveliness of such effects. There may have been fogs for centuries in London. I dare say there were. But no one saw them, and so we do not know anything about them. They did not exist till Art had invented them. Now, it must be admitted, fogs are carried to excess. They have become the mere mannerism of a clique, and the exaggerated realism of their method gives dull people bronchitis. Where the cultured catch an effect, the uncultured catch cold. And so, let us be humane, and invite Art to turn her wonderful eyes elsewhere. She has done so already, indeed. That white quivering sunlight that one sees now in France, with its strange blotches of mauve, and its restless violet shadows, is her latest fancy, and, on the whole, Nature reproduces it quite admirably. Where she used to give us Corots and Daubignys, she gives us now exquisite Monets and entrancing Pissaros. Indeed there are moments, rare, it is true, but still to be observed from time to time, when Nature becomes absolutely modern. Of course she is not always to be relied upon. The fact is that she is in this unfortunate position. Art creates an incomparable and unique effect, and, having done so, passes on to other things. Nature, upon the other hand, forgetting that imitation can be made the sincerest form of insult, keeps on repeating this effect until we all become absolutely wearied of it. Nobody of any real culture, for instance, ever talks nowadays about the beauty of a sunset. Sunsets are quite old-fashioned. They belong to the time when Turner was the last note in art. To admire them is a distinct sign of provincialism of temperament. Upon the other hand they go on. Yesterday evening Mrs. Arundel insisted on my going to the window, and looking at the glorious sky, as she called it. Of course I had to look at it. She is one of those absurdly pretty Philistines to whom one can deny nothing. And what was it? It was simply a very second-rate Turner, a Turner of a bad period, with all the painter's worst faults exaggerated and over-emphasised. Of course, I am quite ready to admit that Life very often commits the same error. She produces her false Renes and her sham Vautrins, just as Nature gives us, on one day a doubtful Cuyp, and on another a more than questionable Rousseau. Still, Nature irritates one more when she does things of that kind. It seems so stupid, so obvious, so unnecessary. A false Vautrin might be delightful. A doubtful Cuyp is unbearable. However, I don't want to be too hard on Nature. I wish the Channel, especially at Hastings, did not look quite so often like a Henry Moore, grey pearl

Entonces, y sólo entonces, cobra existencia. En la actualidad, la gente ve niebla, no porque haya niebla, sino porque poetas y pintores les han enseñado la misteriosa belleza de tales efectos. Puede que haya habido niebla durante siglos en Londres. Me atrevo a decir que la hubo. Pero nadie la vio, y por eso no sabemos nada de ella. No existió hasta que el Arte la inventó. Ahora, hay que admitirlo, la niebla se ha llevado al exceso. Se ha convertido en el mero manierismo de una camarilla, y el realismo exagerado de su método provoca bronquitis a la gente aburrida. Donde los cultos cogen efecto, los incultos cogen frío. Así pues, seamos humanos e invitemos al Arte a que vuelva sus maravillosos ojos a otra parte. De hecho, ya lo ha hecho. Esa luz solar blanca y temblorosa que se ve ahora en Francia, con sus extrañas manchas de malva y sus inquietas sombras violetas, es su última fantasía y, en general, la Naturaleza la reproduce de forma admirable. Donde antes nos daba Corots y Daubignys, ahora nos da exquisitos Monets y fascinantes Pissaros. De hecho, hay momentos, raros, es cierto, pero aún así observables de vez en cuando, en los que la Naturaleza se vuelve absolutamente moderna. Por supuesto, no siempre se puede confiar en ella. El hecho es que se encuentra en esta desafortunada posición. El arte crea un efecto incomparable y único y, una vez hecho esto, pasa a otras cosas. La naturaleza, en cambio, olvidando que la imitación puede convertirse en la forma más sincera de insulto, sigue repitiendo este efecto hasta que todos nos cansamos absolutamente de él. Nadie con verdadera cultura, por ejemplo, habla hoy en día de la belleza de una puesta de sol. Las puestas de sol están bastante pasadas de moda. Pertenecen a la época en la que Turner era el último grito en arte. Admirarlas es un signo inequívoco de provincialismo de temperamento. Y sin embargo, continúan. Ayer por la tarde Mrs. Arundel insistió en que me acercara a la ventana y mirara el glorioso cielo, como ella lo llamaba. Por supuesto, tuve que mirarlo. Ella es una de esas filisteas absurdamente bonitas a las que no se puede negar nada. ¿Y qué era? Era simplemente un Turner de segunda categoría, un Turner de una mala época, con todos los peores defectos del pintor exagerados y sobreacentuados. Por supuesto, estoy bastante dispuesto a admitir que la Vida comete muy a menudo el mismo error. Ella produce sus falsos Renes y sus falsos Vautrins, al igual que la Naturaleza nos da, un día un dudoso Cuyp, y otro un más que cuestionable Rousseau. Aún así, la Naturaleza le irrita a uno más cuando hace cosas de ese tipo. Parece tan estúpido, tan obvio, tan innecesario. Un falso Vautrin puede ser encantador. Un Cuyp dudoso es insoportable. Sin embargo, no quiero ser demasiado duro con la Naturaleza. Desearía que el Canal,

with yellow lights, but then, when Art is more varied, Nature will, no doubt, be more varied also. That she imitates Art, I don't think even her worst enemy would deny now. It is the one thing that keeps her in touch with civilised man. But have I proved my theory to your satisfaction?

CYRIL. You have proved it to my dissatisfaction, which is better. But even admitting this strange imitative instinct in Life and Nature, surely you would acknowledge that Art expresses the temper of its age, the spirit of its time, the moral and social conditions that surround it, and under whose influence it is produced.

VIVIAN. Certainly not! Art never expresses anything but itself. This is the principle of my new aesthetics; and it is this, more than that vital connection between form and substance, on which Mr. Pater dwells, that makes music the type of all the arts. Of course, nations and individuals, with that healthy natural vanity which is the secret of existence, are always under the impression that it is of them that the Muses are talking, always trying to find in the calm dignity of imaginative art some mirror of their own turbid passions, always forgetting that the singer of life is not Apollo but Marsyas. Remote from reality, and with her eyes turned away from the shadows of the cave, Art reveals her own perfection, and the wondering crowd that watches the opening of the marvellous, many-petalled rose fancies that it is its own history that is being told to it, its own spirit that is finding expression in a new form. But it is not so. The highest art rejects the burden of the human spirit, and gains more from a new medium or a fresh material than she does from any enthusiasm for art, or from any lofty passion, or from any great awakening of the human consciousness. She develops purely on her own lines. She is not symbolic of any age. It is the ages that are her symbols.

Even those who hold that Art is representative of time and place and people cannot help admitting that the more imitative an art is, the less it represents to us the spirit of its age. The evil faces of the Roman emperors look out at us from the foul porphyry and spotted jasper in which the realistic artists of the day delighted to work, and we fancy that in those cruel lips and heavy sensual jaws we can find the secret of the ruin of the Empire. But it was not so. The vices of

especialmente en Hastings, no pareciera tan a menudo un Henry Moore, gris perla con luces amarillas, pero entonces, cuando el Arte sea más variado, la Naturaleza será, sin duda, más variada también. Que imita al Arte, no creo que ni su peor enemigo lo niegue ahora. Es lo único que la mantiene en contacto con el hombre civilizado. Pero, ¿he probado mi teoría para tu satisfacción?

CYRIL. La has probado para mi insatisfacción, lo cual es mejor. Pero incluso admitiendo este extraño instinto imitativo en la Vida y la Naturaleza, seguramente tú reconocerás que el Arte expresa el temperamento de su época, el espíritu de su tiempo, las condiciones morales y sociales que lo rodean y bajo cuya influencia se produce.

VIVIAN. ¡Claro que no! El arte nunca expresa nada más que sí mismo. Este es el principio de mi nueva estética; y es esto, más que esa conexión vital entre forma y sustancia, en la que se detiene Mr. Pater, lo que hace de la música el tipo de todas las artes. Por supuesto, las naciones y los individuos, con esa sana vanidad natural que es el secreto de la existencia, tienen siempre la impresión de que es de ellos de quienes hablan las Musas, tratando siempre de encontrar en la serena dignidad del arte imaginativo algún espejo de sus propias pasiones turbias, olvidando siempre que el cantor de la vida no es Apolo sino Marsyas. Alejado de la realidad, y con la mirada apartada de las sombras de la caverna, el Arte revela su propia perfección, y la multitud maravillada que observa la apertura de la maravillosa rosa de muchos pétalos imagina que es su propia historia la que se le está contando, su propio espíritu el que está encontrando expresión en una nueva forma. Pero no es así. El arte más elevado rechaza la carga del espíritu humano, y gana más de un nuevo medio o de un material fresco que de cualquier entusiasmo por el arte, o de cualquier pasión elevada, o de cualquier gran despertar de la conciencia humana. Se desarrolla puramente en sus propias líneas. No es símbolo de ninguna época. Son las épocas las que son sus símbolos.

Incluso quienes sostienen que el arte es representativo de la época, el lugar y la gente no pueden evitar admitir que cuanto más imitativo es un arte, menos representa para nosotros el espíritu de su época. Los rostros malvados de los emperadores romanos nos miran desde el grosero pórfido y el jaspe manchado en los que los artistas realistas de la época se deleitaban trabajando, y nos imaginamos que en esos labios crueles y esas pesadas mandíbulas sensuales podemos encontrar el secreto de

Tiberius could not destroy that supreme civilisation, any more than the virtues of the Antonines could save it. It fell for other, for less interesting reasons. The sibyls and prophets of the Sistine may indeed serve to interpret for some that new birth of the emancipated spirit that we call the Renaissance; but what do the drunken boors and bawling peasants of Dutch art tell us about the great soul of Holland? The more abstract, the more ideal an art is, the more it reveals to us the temper of its age. If we wish to understand a nation by means of its art, let us look at its architecture or its music.

CYRIL. I quite agree with you there. The spirit of an age may be best expressed in the abstract ideal arts, for the spirit itself is abstract and ideal. Upon the other hand, for the visible aspect of an age, for its look, as the phrase goes, we must of course go to the arts of imitation.

VIVIAN. I don't think so. After all, what the imitative arts really give us are merely the various styles of particular artists, or of certain schools of artists. Surely you don't imagine that the people of the Middle Ages bore any resemblance at all to the figures on mediaeval stained glass, or in mediaeval stone and wood carving, or on mediaeval metal-work, or tapestries, or illuminated MSS. They were probably very ordinary-looking people, with nothing grotesque, or remarkable, or fantastic in their appearance. The Middle Ages, as we know them in art, are simply a definite form of style, and there is no reason at all why an artist with this style should not be produced in the nineteenth century. No great artist ever sees things as they really are. If he did, he would cease to be an artist. Take an example from our own day. I know that you are fond of Japanese things. Now, do you really imagine that the Japanese people, as they are presented to us in art, have any existence? If you do, you have never understood Japanese art at all. The Japanese people are the deliberate self-conscious creation of certain individual artists. If you set a picture by Hokusai, or Hokkei, or any of the great native painters, beside a real Japanese gentleman or lady, you will see that there is not the slightest resemblance between them. The actual people who live in Japan are not unlike the general run of English people; that is to say, they are extremely commonplace, and have nothing curious or extraor-

la ruina del Imperio. Pero no es así. Los vicios de Tiberio no pudieron destruir aquella civilización suprema, como tampoco pudieron salvarla las virtudes de los Antoninos. Cayó por otras razones menos interesantes. Las sibilas y los profetas de la Sixtina pueden servir, en efecto, para interpretar para algunos ese nuevo nacimiento del espíritu emancipado que llamamos Renacimiento; pero ¿qué nos dicen los patanes borrachos y los campesinos berreantes del arte holandés sobre la gran alma de Holanda? Cuanto más abstracto, cuanto más ideal es un arte, más nos revela el temperamento de su época. Si queremos comprender a una nación por medio de su arte, fijémonos en su arquitectura o en su música.

CYRIL. En eso estoy bastante de acuerdo contigo. El espíritu de una época puede expresarse mejor en las artes ideales abstractas, porque el espíritu mismo es abstracto e ideal. En cambio, para el aspecto visible de una época, para su aspecto, como dice la frase, debemos acudir por supuesto a las artes de la imitación.

VIVIAN. No lo creo. Al fin y al cabo, lo que las artes imitativas nos ofrecen en realidad no son más que los diversos estilos de determinados artistas, o de determinadas escuelas de artistas. Seguro que no te imaginas que la gente de la Edad Media se pareciera en nada a las figuras de los vitrales medievales, o de las tallas medievales en piedra y madera, o de la metalistería medieval, o de los tapices, o de los manuscritos iluminados. Probablemente eran personas de aspecto muy corriente, sin nada grotesco, ni notable, ni fantástico en su apariencia. La Edad Media, tal y como la conocemos en el arte, es simplemente una forma definida de estilo, y no hay ninguna razón en absoluto por la que un artista con este estilo no pueda producirse en el siglo XIX. Ningún gran artista ve las cosas como realmente son. Si lo hiciera, dejaría de ser un artista. Tomemos un ejemplo de nuestros días. Sé que te gustan las cosas japonesas. Ahora bien, ¿imaginas realmente que el pueblo japonés, tal como se nos presenta en el arte, tiene alguna existencia? Si es así, nunca has entendido en absoluto el arte japonés. El pueblo japonés es la creación deliberada y autoconsciente de ciertos artistas individuales. Si colocas un cuadro de Hokusai, o de Hokkei, o de cualquiera de los grandes pintores nativos, junto a un caballero o una dama japoneses reales, verás que no existe el más mínimo parecido entre ellos. La gente real que vive en Japón no es muy distinta de la generalidad de los ingleses; es decir, son extremadamente corrientes y no tienen nada de curioso o extraor-

dinary about them. In fact the whole of Japan is a pure invention. There is no such country, there are no such people. One of our most charming painters went recently to the Land of the Chrysanthemum in the foolish hope of seeing the Japanese. All he saw, all he had the chance of painting, were a few lanterns and some fans. He was quite unable to discover the inhabitants, as his delightful exhibition at Messrs. Dowdeswell's Gallery showed only too well. He did not know that the Japanese people are, as I have said, simply a mode of style, an exquisite fancy of art. And so, if you desire to see a Japanese effect, you will not behave like a tourist and go to Tokio. On the contrary, you will stay at home and steep yourself in the work of certain Japanese artists, and then, when you have absorbed the spirit of their style, and caught their imaginative manner of vision, you will go some afternoon and sit in the Park or stroll down Piccadilly, and if you cannot see an absolutely Japanese effect there, you will not see it anywhere. Or, to return again to the past, take as another instance the ancient Greeks. Do you think that Greek art ever tells us what the Greek people were like? Do you believe that the Athenian women were like the stately dignified figures of the Parthenon frieze, or like those marvellous goddesses who sat in the triangular pediments of the same building? If you judge from the art, they certainly were so. But read an authority, like Aristophanes, for instance. You will find that the Athenian ladies laced tightly, wore high-heeled shoes, dyed their hair yellow, painted and rouged their faces, and were exactly like any silly fashionable or fallen creature of our own day. The fact is that we look back on the ages entirely through the medium of art, and art, very fortunately, has never once told us the truth.

CYRIL. But modern portraits by English painters, what of them? Surely they are like the people they pretend to represent?

VIVIAN. Quite so. They are so like them that a hundred years from now no one will believe in them. The only portraits in which one believes are portraits where there is very little of the sitter, and a very great deal of the artist. Holbein's drawings of the men and women of his time impress us with a sense of their absolute reality. But this is simply because Holbein compelled life to accept his conditions, to restrain itself within his limitations, to reproduce his type, and to appear as he wished it to appear. It is style that makes us believe in a thing—nothing but style. Most of our modern portrait painters are

dinario. De hecho, todo Japón es una pura invención. No existe tal país, no existen tales gentes. Uno de nuestros pintores más encantadores fue hace poco a la Tierra del Crisantemo con la tonta esperanza de ver a los japoneses. Todo lo que vio, todo lo que tuvo ocasión de pintar, fueron unos farolillos y unos abanicos. Fue totalmente incapaz de descubrir a sus habitantes, como demostró demasiado bien su encantadora exposición en la Galería de Messrs. Dowdeswell. No sabía que los japoneses son, como he dicho, simplemente un modo de estilo, una exquisita fantasía del arte. Y así, si deseas ver un efecto japonés, no te comportarás como un turista e irás a Tokio. Al contrario, te quedarás en casa y te empaparás de la obra de ciertos artistas japoneses, y luego, cuando hayas absorbido el espíritu de su estilo y captado su imaginativa manera de ver, irás alguna tarde y te sentarás en el Parque o pasearás por Piccadilly, y si no puedes ver un efecto absolutamente japonés allí, no lo verás en ningún sitio. O, para volver de nuevo al pasado, tomemos como otro ejemplo a los antiguos griegos. ¿Crees que el arte griego nos dice alguna vez cómo era el pueblo griego? ¿Crees que las mujeres atenienses eran como las majestuosas y dignas figuras del friso del Partenón, o como esas maravillosas diosas que se sentaban en los frontones triangulares del mismo edificio? Si se juzga por el arte, ciertamente lo eran. Pero lee a una autoridad, como Aristófanes, por ejemplo. Descubrirás que las damas atenienses se fajaban firmemente, llevaban zapatos de tacón alto, se teñían el pelo de amarillo, se pintaban y acicalaban la cara, y eran exactamente como cualquier otra tonta criatura de moda o criatura caída de nuestros días. El hecho es que miramos hacia atrás en las épocas enteramente a través del medio del arte, y el arte, muy afortunadamente, no nos ha dicho ni una sola vez la verdad.

CYRIL. Pero los retratos modernos de pintores ingleses, ¿qué son? ¿Seguramente son como las personas que pretenden representar?

VIVIAN. Así es. Son tan parecidos que dentro de cien años nadie creerá en ellos. Los únicos retratos en los que se cree son aquellos en los que hay muy poco del modelo y mucho del artista. Los dibujos de Holbein de los hombres y mujeres de su época nos impresionan por su absoluta realidad. Pero esto se debe simplemente a que Holbein obligó a la vida a aceptar sus condiciones, a contenerse dentro de sus limitaciones, a reproducir su tipo y a aparecer como él deseaba que apareciera. Es el estilo lo que nos hace creer en una cosa, nada más que el estilo. La mayoría de nuestros retratistas modernos están condenados al olvido ab-

doomed to absolute oblivion. They never paint what they see. They paint what the public sees, and the public never sees anything.

CYRIL. Well, after that I think I should like to hear the end of your article.

VIVIAN. With pleasure. Whether it will do any good I really cannot say. Ours is certainly the dullest and most prosaic century possible. Why, even Sleep has played us false, and has closed up the gates of ivory, and opened the gates of horn. The dreams of the great middle classes of this country, as recorded in Mr. Myers's two bulky volumes on the subject, and in the Transactions of the Psychical Society, are the most depressing things that I have ever read. There is not even a fine nightmare among them. They are commonplace, sordid and tedious. As for the Church, I cannot conceive anything better for the culture of a country than the presence in it of a body of men whose duty it is to believe in the supernatural, to perform daily miracles, and to keep alive that mythopoeic faculty which is so essential for the imagination. But in the English Church a man succeeds, not through his capacity for belief, but through his capacity for disbelief. Ours is the only Church where the sceptic stands at the altar, and where St. Thomas is regarded as the ideal apostle. Many a worthy clergyman, who passes his life in admirable works of kindly charity, lives and dies unnoticed and unknown; but it is sufficient for some shallow uneducated passman out of either University to get up in his pulpit and express his doubts about Noah's ark, or Balaam's ass, or Jonah and the whale, for half of London to flock to hear him, and to sit openmouthed in rapt admiration at his superb intellect. The growth of common sense in the English Church is a thing very much to be regretted. It is really a degrading concession to a low form of realism. It is silly, too. It springs from an entire ignorance of psychology. Man can believe the impossible, but man can never believe the improbable. However, I must read the end of my article:-

'What we have to do, what at any rate it is our duty to do, is to revive this old art of Lying. Much of course may be done, in the way of educating the public, by amateurs in the domestic circle, at literary lunches, and at afternoon teas. But this is merely the light and graceful side of lying, such as was probably heard at Cretan dinner-parties. There are many other forms. Lying for the sake of gaining some im-

soluto. Nunca pintan lo que ven. Pintan lo que el público ve, y el público nunca ve nada.

CYRIL. Bueno, después de esto creo que me gustaría escuchar el final de tu artículo.

VIVIAN. Con mucho gusto. Realmente no puedo decir si servirá de algo. El nuestro es ciertamente el siglo más aburrido y prosaico posible. Vaya, hasta el Sueño nos ha jugado una mala pasada y ha cerrado las puertas de marfil y abierto las de cuerno. Los sueños de la gran clase media de este país, tal como se registran en los dos voluminosos volúmenes de Mr. Myers sobre el tema, y en las Transacciones de la Sociedad Psíquica, son las cosas más deprimentes que he leído jamás. No hay ni siquiera una bella pesadilla entre ellas. Son lugares comunes, sórdidos y tedio-sos. En cuanto a la Iglesia, no puedo concebir nada mejor para la cultura de un país que la presencia en él de un cuerpo de hombres cuyo deber sea creer en lo sobrenatural, realizar milagros cotidianos y mantener viva esa facultad mitopoética tan esencial para la imaginación. Pero en la Iglesia inglesa un hombre triunfa, no por su capacidad de creencia, sino por su capacidad de incredulidad. La nuestra es la única Iglesia en la que el escéptico se sienta en el altar y en la que se considera a Santo Tomás como el apóstol ideal. Muchos clérigos dignos, que pasan su vida en admirables obras de caridad bondadosa, viven y mueren desaperci-bidos y desconocidos; pero basta con que algún pasota inculto y super-ficial de cualquiera de las universidades se suba a su púlpito y exprese sus dudas sobre el arca de Noé, o el asno de Balaam, o Jonás y la ballena, para que medio Londres acuda en masa a escucharle y se quede bo-quiabierto admirando su soberbio intelecto. El crecimiento del sentido común en la Iglesia inglesa es algo muy de lamentar. Es realmente una concesión degradante a una forma baja de realismo. También es una tontería. Surge de una total ignorancia de la psicología. El hombre pue-de creer lo imposible, pero nunca lo improbable. Sin embargo, debo leer el final de mi artículo:

«Lo que tenemos que hacer, lo que en todo caso es nuestro deber ha-cer, es revivir este viejo arte de la Mentira. Se puede hacer mucho, por supuesto, en la forma de educar al público, por aficionados en el círculo doméstico, en almuerzos literarios y en los tés de la tarde. Pero esto no es más que el lado ligero y gracioso de la mentira, tal como probablemente se oía en las cenas cretenses. Existen muchas otras formas. Mentir para

mediate personal advantage, for instance— lying with a moral purpose, as it is usually called—though of late it has been rather looked down upon, was extremely popular with the antique world. Athena laughs when Odysseus tells her "his words of sly devising," as Mr. William Morris phrases it, and the glory of mendacity illumines the pale brow of the stainless hero of Euripidean tragedy, and sets among the noble women of the past the young bride of one of Horace's most exquisite odes. Later on, what at first had been merely a natural instinct was elevated into a self-conscious science. Elaborate rules were laid down for the guidance of mankind, and an important school of literature grew up round the subject. Indeed, when one remembers the excellent philosophical treatise of Sanchez on the whole question, one cannot help regretting that no one has ever thought of publishing a cheap and condensed edition of the works of that great casuist. A short primer, "When to Lie and How," if brought out in an attractive and not too expensive a form, would no doubt command a large sale, and would prove of real practical service to many earnest and deep-thinking people. Lying for the sake of the improvement of the young, which is the basis of home education, still lingers amongst us, and its advantages are so admirably set forth in the early books of Plato's *Republic* that it is unnecessary to dwell upon them here. It is a mode of lying for which all good mothers have peculiar capabilities, but it is capable of still further development, and has been sadly overlooked by the School Board. Lying for the sake of a monthly salary is of course well known in Fleet Street, and the profession of a political leader-writer is not without its advantages. But it is said to be a somewhat dull occupation, and it certainly does not lead to much beyond a kind of ostentatious obscurity. The only form of lying that is absolutely beyond reproach is lying for its own sake, and the highest development of this is, as we have already pointed out, Lying in Art. Just as those who do not love Plato more than Truth cannot pass beyond the threshold of the Academe, so those who do not love Beauty more than Truth never know the inmost shrine of Art. The solid stolid British intellect lies in the desert sands like the Sphinx in Flaubert's marvellous tale, and fantasy, *La Chimère,* dances round it, and calls to it with her false, flute-toned voice. It may not hear her now, but surely some day, when we are all bored to death with the commonplace character of modern fiction, it will hearken to her and try to borrow her wings.

obtener alguna ventaja personal inmediata, por ejemplo —mentir con un propósito moral, como suele llamarse—, aunque últimamente se ha despreciado bastante, era extremadamente popular en el mundo antiguo. Atenea se ríe cuando Odiseo le cuenta «sus palabras de astuto ingenio», como lo expresa Mr. William Morris, y la gloria de la mendacidad ilumina la pálida frente del inoxidable héroe de la tragedia euripídea, y coloca entre las nobles mujeres del pasado a la joven novia de una de las odas más exquisitas de Horacio. Más tarde, lo que al principio había sido un mero instinto natural se elevó a ciencia autoconsciente. Se establecieron reglas elaboradas para guiar a la humanidad, y una importante escuela de literatura creció en torno al tema. De hecho, cuando uno recuerda el excelente tratado filosófico de Sánchez sobre toda la cuestión, no puede evitar lamentar que a nadie se le haya ocurrido publicar una edición barata y condensada de las obras de ese gran casuista. Una breve cartilla, «Cuándo mentir y cómo hacerlo», si se editara de forma atractiva y no demasiado cara, conseguiría sin duda una gran venta y resultaría de verdadero servicio práctico para muchas personas serias y de pensamiento profundo. La mentira en aras de la mejora de los jóvenes, que es la base de la educación en el hogar, aún perdura entre nosotros, y sus ventajas están tan admirablemente expuestas en los primeros libros de la *República* de Platón que es innecesario detenerse en ellas aquí. Es un modo de mentir para el que todas las buenas madres tienen capacidades peculiares, pero es capaz de desarrollarse aún más, y ha sido tristemente pasado por alto por el Consejo Escolar. Mentir en aras de un salario mensual es, por supuesto, bien conocido en Fleet Street, y la profesión de líder político-escritor no carece de ventajas. Pero se dice que es una ocupación un tanto aburrida, y ciertamente no conduce a mucho más allá de una especie de ostentosa oscuridad. La única forma de mentir que es absolutamente irreprochable es la mentira por sí misma, y el desarrollo más elevado de esta es, como ya hemos señalado, la mentira en el arte. Del mismo modo que quienes no aman a Platón más que a la Verdad no pueden traspasar el umbral de la Academia, quienes no aman a la Belleza más que a la Verdad nunca conocerán el santuario más íntimo del Arte. El sólido y macizo intelecto británico yace en las arenas del desierto como la Esfinge del cuento maravilloso de Flaubert, y la fantasía, *La Chimère,* baila a su alrededor y le llama con su voz falsa y aflautada. Puede que ahora no la oigas, pero seguro que algún día, cuando todos estemos aburridos hasta la muerte del carácter banal de la ficción moderna, la escucharás e intentarás tomar prestadas sus alas.

'And when that day dawns, or sunset reddens, how joyous we shall all be! Facts will be regarded as discreditable, Truth will be found mourning over her fetters, and Romance, with her temper of wonder, will return to the land. The very aspect of the world will change to our startled eyes. Out of the sea will rise Behemoth and Leviathan, and sail round the high-pooped galleys, as they do on the delightful maps of those ages when books on geography were actually readable. Dragons will wander about the waste places, and the phoenix will soar from her nest of fire into the air. We shall lay our hands upon the basilisk, and see the jewel in the toad's head. Champing his gilded oats, the Hippogriff will stand in our stalls, and over our heads will float the Blue Bird singing of beautiful and impossible things, of things that are lovely and that never happen, of things that are not and that should be. But before this comes to pass we must cultivate the lost art of Lying.'

CYRIL. Then we must entirely cultivate it at once. But in order to avoid making any error I want you to tell me briefly the doctrines of the new aesthetics.

VIVIAN. Briefly, then, they are these. Art never expresses anything but itself. It has an independent life, just as Thought has, and develops purely on its own lines. It is not necessarily realistic in an age of realism, nor spiritual in an age of faith. So far from being the creation of its time, it is usually in direct opposition to it, and the only history that it preserves for us is the history of its own progress. Sometimes it returns upon its footsteps, and revives some antique form, as happened in the archaistic movement of late Greek Art, and in the pre-Raphaelite movement of our own day. At other times it entirely anticipates its age, and produces in one century work that it takes another century to understand, to appreciate and to enjoy. In no case does it reproduce its age. To pass from the art of a time to the time itself is the great mistake that all historians commit.

The second doctrine is this. All bad art comes from returning to Life and Nature, and elevating them into ideals. Life and Nature may sometimes be used as part of Art's rough material, but before they are of any real service to art they must be translated into artistic conventions. The moment Art surrenders its imaginative medium it sur-

«Y cuando ese día amanezca, o el ocaso se tiña de rojo, ¡qué alegres nos sentiremos todos! Los hechos se considerarán desacreditables, la Verdad se encontrará llorando sobre sus grilletes, y el Romanticismo, con su temperamento de asombro, volverá a la tierra. El aspecto mismo del mundo cambiará ante nuestros ojos sobresaltados. Del mar surgirán Behemoth y Leviatán, y navegarán alrededor de las galeras de alto bordo, como lo hacen en los deliciosos mapas de aquellas épocas en que los libros de geografía eran realmente legibles. Los dragones vagarán por los lugares baldíos, y el ave fénix se elevará por los aires desde su nido de fuego. Pondremos nuestras manos sobre el basilisco y veremos la joya en la cabeza del sapo. Mascando su dorada avena, el Hipogrifo se parará en nuestros establos, y sobre nuestras cabezas flotará el Pájaro Azul cantando sobre cosas bellas e imposibles, sobre cosas que son encantadoras y que nunca suceden, sobre cosas que no son y que deberían ser. Pero antes de que esto ocurra debemos cultivar el arte perdido de la Mentira».

CYRIL. Entonces debemos cultivarla por completo de una vez. Pero para no cometer ningún error quiero que me digas brevemente las doctrinas de la nueva estética.

VIVIAN. Brevemente, pues, son estas. El Arte nunca expresa nada más que a sí mismo. Tiene una vida independiente, al igual que el Pensamiento, y se desarrolla puramente en sus propias líneas. No es necesariamente realista en una época de realismo, ni espiritual en una época de fe. Lejos de ser la creación de su tiempo, suele oponerse directamente a él, y la única historia que nos conserva es la de su propio progreso. A veces vuelve sobre sus pasos y revive alguna forma antigua, como ocurrió en el movimiento arcaísta del arte griego tardío y en el movimiento prerrafaelista de nuestros días. Otras veces se anticipa por completo a su época, y produce en un siglo obras que se tarda otro siglo en comprender, apreciar y disfrutar. En ningún caso reproduce su época. Pasar del arte de una época a la época misma es el gran error que cometen todos los historiadores.

La segunda doctrina es esta. Todo mal arte proviene de volver a la Vida y a la Naturaleza y elevarlas a ideales. La Vida y la Naturaleza pueden utilizarse a veces como parte del material en bruto del Arte, pero antes de que sean de utilidad real para el arte deben traducirse en convenciones artísticas. En el momento en que el Arte renuncia a su medio

renders everything. As a method Realism is a complete failure, and the two things that every artist should avoid are modernity of form and modernity of subject-matter. To us, who live in the nineteenth century, any century is a suitable subject for art except our own. The only beautiful things are the things that do not concern us. It is, to have the pleasure of quoting myself, exactly because Hecuba is nothing to us that her sorrows are so suitable a motive for a tragedy. Besides, it is only the modern that ever becomes old-fashioned. M. Zola sits down to give us a picture of the Second Empire. Who cares for the Second Empire now? It is out of date. Life goes faster than Realism, but Romanticism is always in front of Life.

The third doctrine is that Life imitates Art far more than Art imitates Life. This results not merely from Life's imitative instinct, but from the fact that the self-conscious aim of Life is to find expression, and that Art offers it certain beautiful forms through which it may realise that energy. It is a theory that has never been put forward before, but it is extremely fruitful, and throws an entirely new light upon the history of Art.

It follows, as a corollary from this, that external Nature also imitates Art. The only effects that she can show us are effects that we have already seen through poetry, or in paintings. This is the secret of Nature's charm, as well as the explanation of Nature's weakness.

The final revelation is that Lying, the telling of beautiful untrue things, is the proper aim of Art. But of this I think I have spoken at sufficient length. And now let us go out on the terrace, where 'droops the milk-white peacock like a ghost,' while the evening star 'washes the dusk with silver.' At twilight nature becomes a wonderfully suggestive effect, and is not without loveliness, though perhaps its chief use is to illustrate quotations from the poets. Come! We have talked long enough.

imaginativo lo renuncia todo. Como método, el Realismo es un completo fracaso, y las dos cosas que todo artista debe evitar son la modernidad de la forma y la modernidad del tema. Para nosotros, que vivimos en el siglo XIX, cualquier siglo es un tema adecuado para el arte excepto el nuestro. Las únicas cosas bellas son las que no nos conciernen. Es, para tener el placer de citarme a mí mismo, precisamente porque Hécuba no es nada para nosotros por lo que sus penas son un motivo tan adecuado para una tragedia. Además, sólo lo moderno se convierte alguna vez en anticuado. M. Zola se sienta para darnos una imagen del Segundo Imperio. ¿A quién le importa ahora el Segundo Imperio? Está pasado de moda. La vida va más deprisa que el Realismo, pero el Romanticismo siempre va por delante de la vida.

La tercera doctrina es que la Vida imita al Arte mucho más de lo que el Arte imita a la Vida. Esto resulta no sólo del instinto imitativo de la Vida, sino del hecho de que el objetivo autoconsciente de la Vida es encontrar expresión, y que el Arte le ofrece ciertas formas bellas a través de las cuales puede realizar esa energía. Es una teoría que nunca antes se había planteado, pero es extremadamente fructífera, y arroja una luz totalmente nueva sobre la historia del Arte.

De ello se deduce, como corolario, que la Naturaleza exterior también imita al Arte. Los únicos efectos que ella puede mostrarnos son efectos que ya hemos visto a través de la poesía, o en la pintura. Este es el secreto del encanto de la Naturaleza, así como la explicación de su debilidad.

La revelación final es que la mentira, la narración de cosas bellas falsas, es el objetivo propio del Arte. Pero de esto creo que ya he hablado con suficiente extensión. Y ahora salgamos a la terraza, donde «cae el pavo real blanco como la leche como un fantasma», mientras la estrella vespertina «lava de plata el crepúsculo». En el crepúsculo la naturaleza se convierte en un efecto maravillosamente sugestivo, y no carece de belleza, aunque quizá su principal utilidad sea ilustrar citas de los poetas. ¡Ven! Ya hemos hablado bastante.

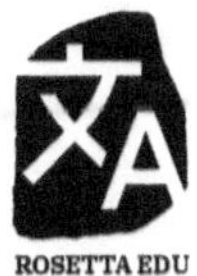

ROSETTA EDU

CLÁSICOS EN ESPAÑOL

Esperamos que haya disfrutado esta lectura. ¿Quiere leer otra obra de nuestra colección de *Clásicos en español*?

En nuestro Club del Libro encontrarás artículos relacionados con los libros que publicamos y la literatura en general. ¡Suscríbete en nuestra página web y te ofrecemos un ebook gratis por mes!

Recibe tu copia totalmente gratuita de nuestro *Club del libro* en rosettaedu.com/pages/club-del-libro

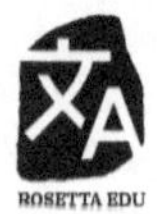

ROSETTA EDU

CLÁSICOS EN ESPAÑOL

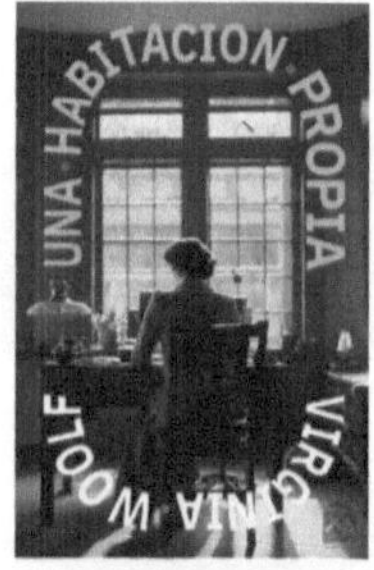

Una habitación propia se estableció desde su publicación como uno de los libros fundamentales del feminismo. Basado en dos conferencias pronunciadas por Virginia Woolf en colleges para mujeres y ampliado luego por la autora, el texto es un testamento visionario, donde tópicos característicos del feminismo por casi un siglo son expuestos con claridad tal vez por primera vez.

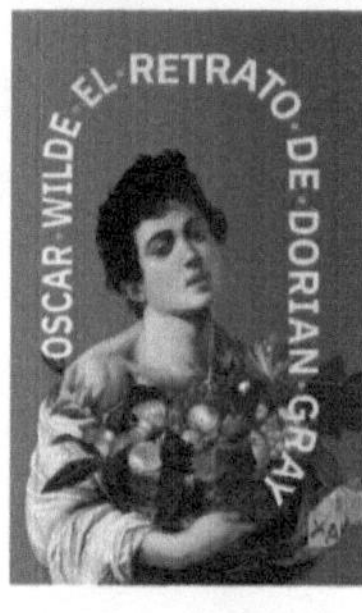

Oscar Wilde escribe una sola novela, *El retrato de Dorian Gray*; ésta fue el objeto de una crítica moralizante mordaz por parte de sus contemporáneos que no pudieron ver que dentro de una trama perfectamente compuesta se escondía toda la tragedia del romanticismo. Cien años después no ha perdido su impacto original y sigue siendo un texto fundamental para los debates sobre la estética y la moral.

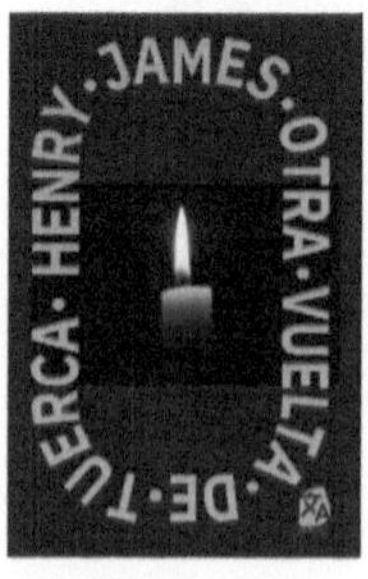

Otra vuelta de tuerca es una de las novelas de terror más difundidas en la literatura universal y cuenta una historia absorbente, siguiendo a una institutriz a cargo de dos niños en una gran mansión en la campiña inglesa que parece estar embrujada. Los detalles de la descripción y la narración en primera persona van conformando un mundo que puede inspirar genuino terror.

rosettaedu.com

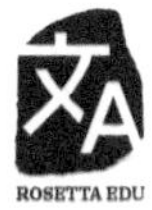

EDICIONES BILINGÜES

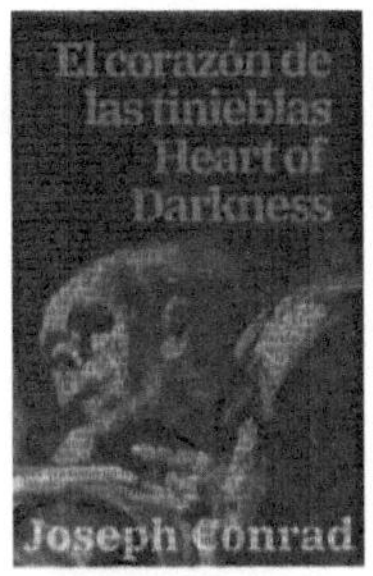

En una atmósfera constante de misterio y amenaza, *El corazón de las tinieblas* narra el peligroso viaje de Marlow por un río (sin duda el Congo aunque no es nombrado en el relato) africano. Lo que el marino puede observar en su viaje le horroriza, le deja perplejo, y pone en tela de juicio las bases mismas de la civilización y la naturaleza humana.

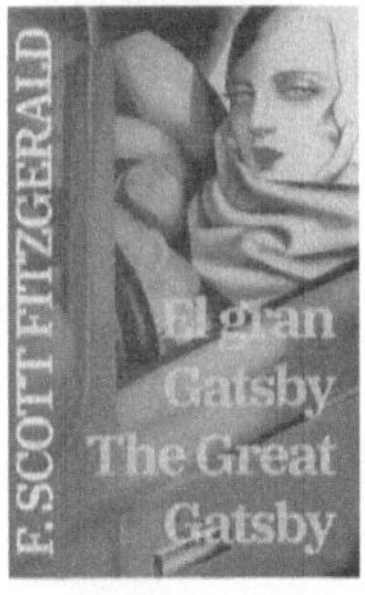

Durante décadas, y acercándose a su centenario, *El gran Gatsby* ha sido considerada una obra maestra de la literatura y candidata al título de «Gran novela americana» por su dominio al mostrar la pura identidad americana junto a un estilo distinto y maduro. La edición bilingüe permite apreciar los detalles del texto original y constituye un paso obligado para aprender el inglés en profundidad.

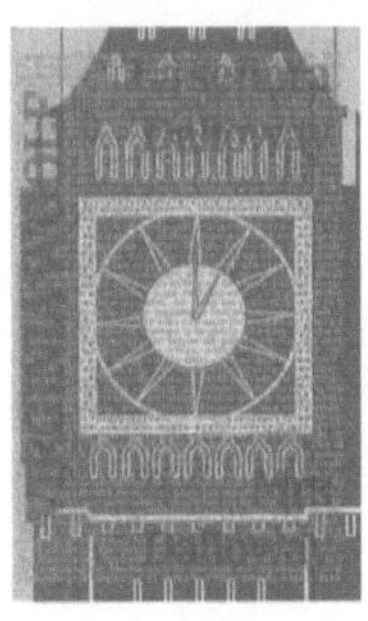

En *La señora Dalloway* Virginia Woolf relata un día en la vida de Clarissa Dalloway, una señora de la clase alta casada con un miembro del parlamento inglés, y de un ex-combatiente que lucha contra su enfermedad mental. La innovación de la novela es la corriente de consciencia: Woolf sigue el pensamiento de cada personaje, siendo excelente a la hora de narrar emociones, asociaciones y sentimientos.

rosettaedu.com